048

世界が認めた魂の技術

宮田尚彦
朝日インンテック ファウンダー（創業者）

JN122738

中経マイウェイ新書

目次

第六章　株式上場、そして世界が認める企業へ

第七章　経営のこだわり

あとがき

はじめに

モノづくり企業としてのこだわり

私が創業した朝日インテックは、医療をはじめ、さまざまな分野で使用される極細ステンレスワイヤーロープを開発・製造・販売するメーカーです。特に心臓や脳などの血管内治療に使うガイドワイヤーやカテーテルといった医療機器は、国内外の医療現場から高い評価をいただいています。

モノづくり企業としての当社のコアテクノロジーは、「伸線技術」「ワイヤーフォーミング技術」「トルク技術」「コーティング技術」の四つです。しかし、創業当時からこうした技術があったわけではありません。

お客様の要望に応えるために自ら開発を行う中で「こんなことができる（できた）」「こういう製品を作るためには、あの技術が必要だからチャレンジしよう」という経験を積み重ねてきた結果、それらをまとめてみるとこの四つの技術に集約されたということなのだと思います。

私がモノづくり企業として徹底的にこだわったのが、あくまでも自社一貫生産で事業を行うことです。もちろん、自社でできない技術については当初は外注先に依頼します。しかし、その外注した技術も近い将来には必ず自前で行えるようにする、いずれは絶対に自社技術に置き換える、ということを愚直なまでに行ってきました。

そしてここ最近は大阪のR＆Dセンターを中心に、コアテクノロジーの基盤となる技術のさらなる深掘りに取り組んでいるところです。この姿勢は今後も変わることがないと私は信じています。

私は創業から平成21（２００９）年までは代表取締役社長として、平成28（２０１６）年までは代表取締役会長として、経営や研究開発のかじ取りを行ってきました。現在は経営の一線から離れ、取締役ではなくファウンダー（創業者）

という肩書きで、開発を中心に仕事をさせてもらっています。

今回、自分の人生とともに、朝日インテックをどのように経営してきたかを振り返る機会をいただきました。どのようにして朝日インテックは、一貫生産にこだわるモノづくり企業になったのか、国内外の医療分野で、なぜ当社の製品が活用されるようになったのかを紐解いてみたいと思います。

筆者近影

第一章　生い立ちとミニロープとの出逢い

誕生から高校入学まで

昭和14（1939）年3月5日、私は愛知県大府市に生まれました。直後に名古屋市に転居、吹上（現在の名古屋市昭和区）の近くに住んでいました。

父親は林業関連の仕事をしていましたが、この時代のことはよく覚えていません。私の記憶にあるのは、幼稚園の途中で名古屋市内から旧丹羽郡千秋村町屋（現在の一宮市千秋町）に疎開してからのこと。都会の子だったはずが、野山を駆け回るガキ大将になっていました。

小学校1年生の夏に終戦を迎えました。名古屋の家は焼けてしまったので、名古屋には戻らず高校1年の時に旧岐阜県稲葉郡鵜沼町（現在の岐阜県各務原市）に転居するまで千秋村町屋で暮らしていました。

兄弟は男3人、女3人。私は三男でした。長男は若いころに病気をして失明し、2番目の兄が我が家の家長になりました。

中学に入る時、父から次男と同じ滝中学校に入学するように言われます。田舎の次男坊だった父は家を継げず、若い頃から奉公に出て、仕事をしながら勉強をしていたという経歴の持ち主だけに、「自分の子どもにはちゃんとした教育を受けさせたい」と考えていたようです。

勉強好きの次兄を私立中学に入れるのは理解できるのですが、さほど勉強が好きではない私は、友人と一緒に近所の公立中学に行きたかった。

しかし、父は私に「通学に1時間かけてでも私立に行け」という。母からも「お父さんの言うことを聞きなさい。試験を受けても落ちるかもしれないから、行くフリだけでもしておきなさい」と言われ、渋々受験に同意しました。

最初から受かる気はなかったので、いかにも「進学します」というフリをするにはどうしたらよいかを考えました。その結論として出たのが受験番号で1

番を取るという方法です。

「ぜひとも入学したいから、いち早く志望しました」とやる気満々のところを父に見せておいて、「やっぱり落ちました」というのが私の描いたシナリオでした。しかし、人生のいたずらはよく起きるもので合格してしまい、昭和26（1951）年4月に滝中学に入学しました。

そして、高校も滝高校に進学したのですが、その時の普通科は私を含めて男子7人、女子2人の計9人しか入学しなかったのです。

1学年9人だった滝高校の普通科。後列の左から3人目が私（写真提供：滝学園）

高校生活で「団結」の強さを知る

私が滝高校へ進学したのは、滝中学校の同級生で、後に当社に入社することになる前田善雄君の影響でした。前田君のお父さんが滝学園の先生だったこともあって、彼が「高校は滝高校に進学する」というので、それなら私も一緒に、と決めたのです。

滝学園は大正の終わりに実業家の滝信四郎が設立した学校で、戦前は潤沢な資金を持っていました。しかし、その財産のほとんどが外地のものだったため、終戦に伴いすべてが紙クズ同様になり、資金繰りに苦しむ状態になりました。一時は学園存続の危機を迎えたこともあったそうです。

私が入学した頃は、校長になった丹羽喜代次先生が普通科の強化を打ち出した時期でした。進学校として実績を残し、生徒を集めようと考えたわけです。

入学してみたら、私の代の普通科は1学年に9人しかいません。そのため、普通科のみの授業は我々9人だけで受けていましたが、商業科と共通している科目は商業科の教室に行って授業を受けました。

また、英語や化学は1学年上の2年生の教室に行って学ぶ状態でした。基礎から順に学べるような環境ではなかったので、成績の方は今一つでしたね。

しかし、1学年9人でよかったと思うこともあります。文化祭や体育祭などでは9人が一致団結して、人数が多い商業科や農業科のクラスに対抗し、何十人と生徒がいるクラスよりも好成績を収めました。

普通なら先生の指導を仰ぐところかもしれませんが、自分たちで「ああしよう、こうしよう」と話し合いながらやっていました。この時に「団結すれば困難なことも乗り越えられる」ことを知り、それがその後の人生にも大きな影響を与えたと思っています。

大学進学にあたっては、本当は文系の方が向いていると感じていたのですが、よくできる次兄と同じ文系に進んだらまた比べられるので、次兄とは違う道に行きたい、と考えていました。

当時は前田君と一緒に鉄道模型の製作に打ち込んでいて、電気の知識が少しはあるからと電気工学を選択。国公立は受験科目が多いので、なるべく科目が少ないところを探して受験し、昭和32（1957）年の4月、法政大学に入学することになったのです。

一致団結して多くの賞状をもらう。右から３人目が私

兄に諭され東京の大学に入学

大学受験では、京都の大学と法政大学の2校に合格しました。私としては、京都で生活するのもいいいな、と思っていたのですが、東京の大学に通う次兄がさっさと父親に「ウチの下宿に来れば下宿代がタダになる」と根回しをしていました。

また、受験する大学が決まっていないうちから「長い人生の間に一度は東京を経験しておけ」とさんざん言われ続けてきたこともあって、東京の法政大学工学部に入学することになったのです。

次兄は大学3年で公認会計士の二次試験に合格しました。2年間の実務経験が必要ですから、4年生で監査法人に働きに行き、最終試験にも合格。当時「史上最年少の公認会計士」と新聞に取り上げられたくらい優秀でした。だから掃除や洗濯、食事づくりはみんな私がやっていました。

その一方、私といえば東京に来て初めて、世間には優秀な人が多くて自分はまだまだ下の方なんだということに気が付きました。彼らに早く追い付いて、追い抜かなければと思い、一生懸命勉強しました。

今まで下の方の成績しか父に見せられなかったし、父の仕事が芳しくなく大学に行かせてもらえるような家計の状態でないのにもかかわらず、東京に出してくれた。親孝行として一度くらいは親が自慢できるような人間になりたいと頑張っていました。

勉強は仲間とともにやっていました。いつしか地方出身者のリーダー的な役割をするようになり、下宿先で新たな棟が建った時は、そこに長崎や北海道など遠隔地出身の友人を連れてくるようになりました。

この頃は学生運動が活発な時期。法政大学の工学部は当時麻布キャンパスにあり、比較的のんびりしていたのですが、市ヶ谷キャンパスの方は活発でした。

ある日、市ヶ谷キャンパスに警官が侵入したという話があって、「これは抗議をしにいかなければ」と、友人と飯田橋駅に向かいました。

ところが飯田橋駅周辺で警官と学生らしき人たちが衝突している現場に出くわします。それを見て「おっかないなあ。動員されてあの中に入ったら大変だ」と感じて、その場からすぐ引き返しました。友人と勉強をしつつ、時には麻雀を楽しむという、政治的にはノンポリな日々を送っていました。

電気工学を学んだ大学時代

電気工学でトランジスタ回路を研究

私が大学で学んでいた電気工学には、水力発電のタービン等の大掛かりなものを扱う「強電」と、テレビなどを対象にした「弱電」との2分野があります。当時の法政大学工学部では、大学2年の時にどちらを専攻するか選ぶことになっていました。

「強電」に興味がなかった私は「弱電」を選択。当時の法政大学では、トランジスタの第一人者で、ソニー勤務の大河内先生が客員教授として教えていらっしゃいました。

大河内先生はテレビにも出るなどの超売れっ子の技術者。その先生の授業を受けているうちに、私も大河内先生の下でトランジスタの回路を研究したいと考えるようになりました。

この当時、大河内先生は真空管を用いていたテレビの回路をトランジスタに置き換える研究をしており、私もその研究を行うことになりました。

ソニーで必要とされる研究を、ソニーに在籍している先生の下で行っていたにも関わらず、私が就職活動をする時期には、ソニーから大学新卒社員の募集がありませんでした。憧れの会社だっただけに、とても残念でした。

当時は学校推薦で、大学3年から4年に上がる時に、成績順に自分が行きたい企業を選ぶという状況でした。

著名な日立や東芝など、募集のある企業は学閥がある。「できれば古いしがらみのないところで働きたい」と願い選んだのがシャープでした。もともと大学進学時に「京都で生活するのもいいな」と思ったこともあったので、関西に行くことに抵抗はありませんでした。

仕事としてやりたいことも、卒論のテーマもトランジスタテレビだったことから、シャープの方から「夏休みに実習に来てくれ」と言われました。今でいうインターンシップです。

業務内容は卒論のテーマと同じ。それで1カ月後に「就職の意思はあるか」と聞かれ、「はい」と答えて内定が決まりました。いわゆる就職試験はありませんでした。

シャープでのインターンシップの成果を持って、卒論を書き始めたのですが、途中で疑問に思うところが出てきてしまい、シャープにお願いして再度実験をさせてもらったりもしました。当時のシャープの関係者のみなさんには感謝しています。

大学の研究室にて

シャープ入社、人生と事業の伴侶を得る

大学卒業後、シャープに入社して、テレビ事業部に配属されました。試用期間が終わると、社員は労働組合に入ります。私も組合に加入し青年部の一員になり、レクリエーションなどの企画・運営をしていました。

その頃、後に私の妻となる女性がシャープの経理部から総務部へ転属し、ショールームの受付に異動。私も彼女の顔を見ていましたが、当時の私は内気で話しかけることもできませんでした。彼女も会社が終わると家にまっすぐ帰るという生活を送っていたとのことです。

そんな彼女が同僚から誘われ、総務部関係者と技術部が合同で行ったスキー旅行に参加。そこから親しくなり、交際が始まりました。自然と結婚を考えるようになりましたが、当時の私は給料のほとんどを旅行やスキー、友人との飲

み会など遊びに使ってしまい、貯蓄がまったくありませんでした。

私の父は「子孫に美田を残さず」がモットーなので頼ることはできません。そこで町工場を経営する彼女の叔父に頼んで資金援助をしてもらいました。この結婚は私にとって人生の伴侶を得ただけでなく、人生を大きく変えることにもなるのです。

一方、仕事では、自分がやりたかったトランジスタテレビの回路開発を行うことになりました。大学での研究内容であることに加え、他のエンジニアの関心は映像や音に集中していたので、すんなり希望が通ったのだと思います。

トランジスタテレビとは画面8インチぐらい、持ち運びができるテレビのこと。私たちは懸命に仕事に取り組んだのですが、個人的には大学時代に恩師の大河内先生との関係でソニーに出入りし、ソニーの事情を知っていたため、「ちょっと追い付けないな」とは感じていました。

最終的にシャープも開発に成功。ところが完成お祝いの宴会に出向いたところ、お通夜みたいな雰囲気。というのも、シャープよりも半年も前にソニーが開発に成功していたのです。

ご存じの方も多いと思いますが、世界で初めてブラウン管による電送・受像に成功したのは浜松高等工業学校（現在の静岡大学工学部）で、その当時からシャープの前身の早川電機はテレビの研究をしていました。

いわばテレビ技術のフロントランナーが後進のソニーに負けたのです。この時、「やっぱり技術開発は一番でなければ」と痛感しました。

シャープではテレビ事業部に配属された

ミニロープとの出逢い、叔父の町工場へ

妻と結婚してから、私は資金援助をしてくれた妻の叔父の家によく顔を出すようになっていました。

ある日、叔父が「相談に乗ってくれないか」というので、話を聞くと「一度は断ったんだが、電電公社（現在のＮＴＴ）の中央研究所からテレタイプ（タイプライター式の電信機）に使うステンレスロープの試作品を作って欲しいと言われた」とのこと。当時、「外国の力を一切借りずに、純国産でモノづくりを」という気運が産業界にはあり、電電公社もそういった考え方で、叔父の小さな会社に話を持ってきたんだと思います。そのあたりのやりがいと、叔父への恩返しのつもりで、私は協力することを決めました。

叔父の工場は釣り道具などに使われる鋼線ロープ（テグス）などを細々と作っ

ている、トタン張りの小さな工場でしたが、金属ロープを製造する機械や伸線機（金属を線状に加工する機械）などがあって、よく整理整頓がされていました。

私はまだシャープの社員ですので、仕事が午前中で終わる土曜日の午後や、仕事が休みになる日曜日、祝日に叔父の工場に通い、一緒に試作品づくりに励みました。

航空機関係の鋼索（金属ロープ）の専門書などを読みながら何とか試作品のステンレスロープを製作。シャープの勤務経験から「試作品ができただけでは電電公社は納得しない、きちんとした検査データも提出しなければ」と考えた私は、試作品を持って工業試験所に行き、あれこれと検査をしました。そうして、試作品と仕様書、検査データを電電公社に提出することができました。

「これで恩返しができた」と思っていたところ、後日、叔父から「おかげでこの試作品が電電公社から認可された。製造も頼むと言われた」という連絡が来ました。試作品が認められたのはうれしかったのですが、実際にこのステンレスロープを納入するのは、テレタイプを製造し、電電公社に納めている富士通やNEC（日本電気）、沖電気など数多くの大手電機通信機器メーカー。それらの企業から大量の注文が叔父の工場に集中してしまうことになる。これは、叔父が一人でやっているような町工場で対応できる話ではないと感じました。

当時の私は、時代が「軽薄短小」に向かっており、工業製品も小型化・精密化・高機能化が進むと考えていました。これまで吊り橋など大きなものに使われていた金属のロープも、小さな工業製品に使われるようになる。そこにエンジニアとして面白さを感じたのです。

既存のメーカーがやらなかった分野だからこそ、成長するのではないか。そう考えるとこの分野で力を試してみたいと思うようになり、シャープを辞めて叔父の工場で働くことを決意したのです。

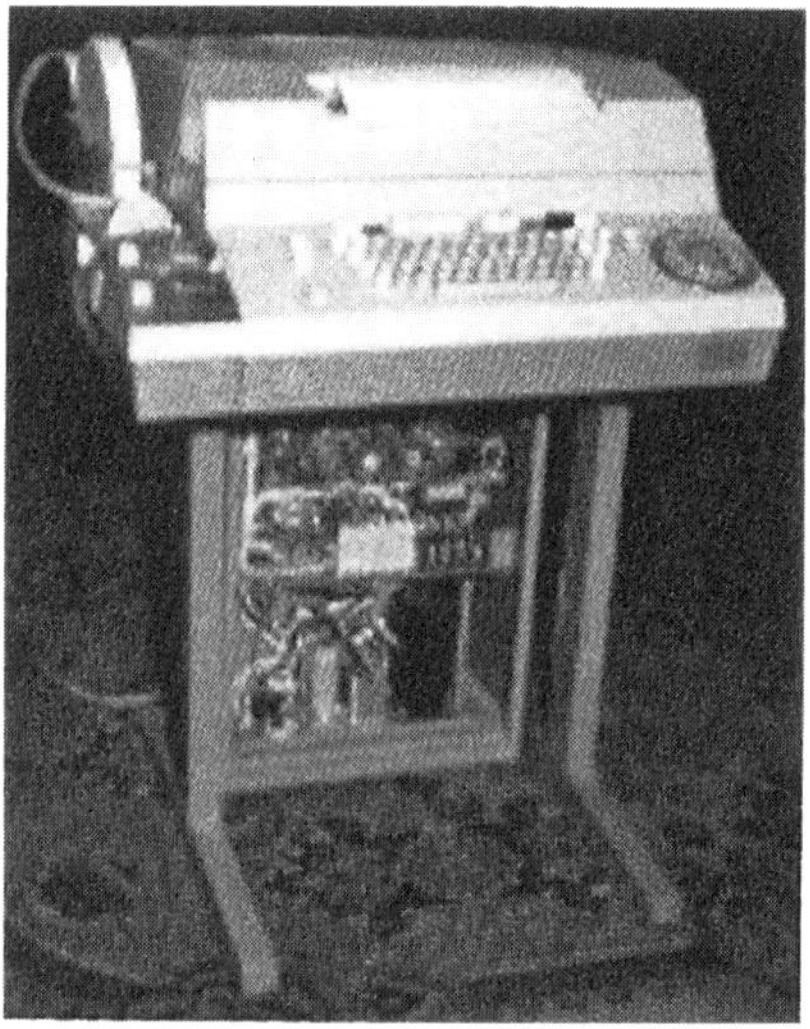

テレタイプ（タイプライター式の電信機）

第二章　修行時代を経て独立へ

鍛えられたモノづくりの力

シャープという大企業から叔父の町工場へ――。この転職は周囲から驚かれました。叔父自身も私がシャープを辞めてまで、自分の町工場を手伝うことに躊躇《ちゅうちょ》していたようです。

後にわかったことですが、私たち夫婦の仲人でシャープの上司だった当時の技術部長にも、叔父はずいぶん相談していたようです。叔父は私の将来についても心配してくれていたようですが、私は新しい分野に挑戦することの喜びの方が大きかったし、妻も身内のことを手伝うというのだから反対はしませんでした。

これまでは大きなものに使われていた金属のロープが、これからはさまざまな小さなものに使われるようになるはず。私はミニロープの未来に大きな希望を持っていました。

転職して給与をもらった時も「ああ、このくらいか」と感じただけで、特に不満に思ったことはありませんでした。

叔父の工場では、資金繰り以外は開発から設計、製造、生産管理まで、ありとあらゆることをやりました。「こんな機械が欲しい」というと、叔父は「自分で設計しろ。図面を持って鍛冶屋に行け」とよく言いました。そのおかげで、ずいぶん鍛えられたと思います。

ただ、中には自分で作るよりも買った方が安くてよいものもありましたし、自社では作れないものもありました。電電公社の認可を受け、製造が本格化したステンレスロープは当初、何千メートルや何万メートルとかの単位でしたが、町工場にとっては大変な量。それをこなすために新しい機械を入れるにしても、狭くて場所がない。

「もっと広い場所を確保しましょうよ」と進言しても、「ちょっと考えておく」という返事ばかり。町工場の具体的な売り上げこそ把握していませんが、仕事の量からすれば儲かっているはず。さすがに私もじりじりしてきました。

事業の拡大をしないうちに、ライバル会社も設備を整えてステンレスロープの製造を始めようとしていました。それにも関わらず、叔父には危機意識がない。「このままではついていけない」と思った私は、独立する決心をしました。

妻の隆子（右）と叔父

不況下での独立、ステンレスを素材に

私から叔父に「シャープを辞めて、この業界に入り、5年が経った。そろそろ自分の考えで勝負をしたい。だから独立させて欲しい」と告げると、叔父もわかってくれました。そして新たに開業する場所の手配までしてくれたのです。

独立の資金は、子どもが大きくなってきて、そろそろ借家住まいから家を建てようかと思い、買っておいた土地があったので、それを売却。そのお金で機械設備を買おうとしていました。

私がやろうと考えたのは小さなものに使われるステンレスロープの製造。エレベーター用など、大きなロープを作ろうとしたら、当然大きな機械が必要で、設備投資が高額になってしまいます。しかし、製造するロープが細ければ機械設備も小さくて済むし、材料はステンレスだから錆びにくいし、仕入れ価格の変動もほとんどない。比較的小資本で始められると考えたのです。

叔父の工場では鋼線ロープ（鉄から作るロープ）も扱っていました。鉄は錆びるので、鋼線は錆防止のために必ずメッキをしなければなりません。メッキ工程では酸を扱うので、工場がひどく汚れるし、機械設備も社屋も傷みやすい。そのため私は独立したら、扱う素材はステンレスに絞ると決めていました。

叔父の工場での修行時代に一通りモノづくりは学んだのですが、少し不安だったのは仕入れでした。叔父は昔から「新しい仕事は不況の時にやれよ」と言っていました。

それは材料屋にしても、設備の機械屋にしても、工場を建てる大工にしても、他の仕事が少ない時期であれば、喜んでこちらの仕事を引き受けてくれるからです。「景気のよい時に商売をしろ」というのが道理と思いがちですが、叔父の話を聞いて、「なるほど」と納得しました。

私が独立した昭和47（1972）年は、前年にニクソンショックが、翌年には第四次中東戦争によるオイルショックがあり、景気があまりよくない時期。仕入先のみなさんも支援してくれました。あとは自分の腕次第というか、自分がエンジニアとしてどれだけできるかにかかってきます。その中で私が考えたのが、「技術志向」でビジネスを進める、ということでした。

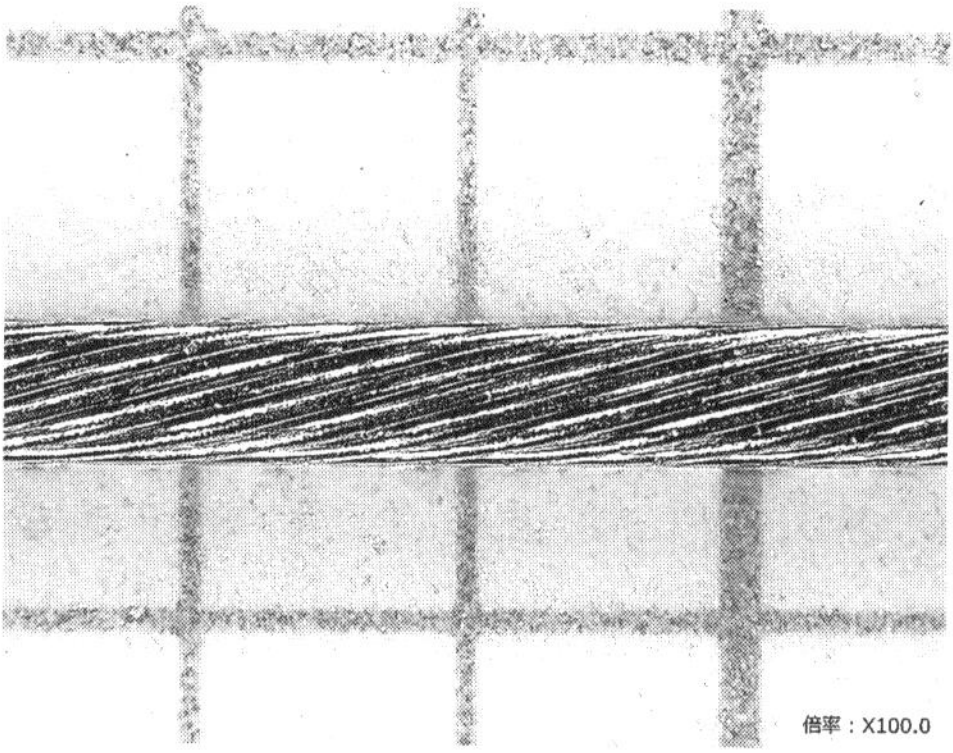

ステンレスロープ（拡大）。写真の実物は細さ約0.5ミリメートル

朝日ミニロープ工業所創業

昭和47（1972）年4月、私は妻と二人で、大阪府堺市で朝日ミニロープ工業所を創業しました。「これこそ町工場」というような、本当に小さな建物でした。

しかし、私たちが製造する極細ステンレスロープは、OA機器など、当時の最先端分野での需要が見込まれていました。また、軽薄短小の流れに乗って、工業製品はますます小型化、精密化、高機能化されていくに違いない、だから私たちの製品の需要も伸びていくはずだと確信していました。

最初の仕事は、メッシュ（金網用）のステンレスロープ。木材チップを作る時に出る余分な水をろ過するフィルターとして使われました。その次は、釣り具関係のステンレスロープの製作でした。

事業を始めるにあたって、公認会計士をしていた次兄が「帳簿を見てやる」と言ってくれたので、その言葉に甘えて会社の会計全般を任せることにしました。

その次兄が「尚彦、お前は馬鹿《ばか》か」と言ったのは、私が５００万円と３００万円の試験機を買おうとした時です。

私の工場には２００万円の製造機械が３台あるだけでしたから、次兄からは「なぜそんな高い試験機がいるのか。お前は経営者としておかしい」と注意されたのです。

しかし、私はシャープ勤務の経験から試験機の重要性を認識していました。シャープの時は中小から大手まで数多くの取引先がありましたが、私が技術部の一員としてどこと取引をするかを選ぶ基準は「性能・特性・品質」でした。

自分で創業してからは、お客様から選ばれる立場になりましたが、お客様が数多くある取引先の中から当社の製品を選ぶかどうかも、やはり「性能・特性・品質」に違いないと思ったのです。

そうであるならば、技術屋としてどういうことでお客様に貢献できるかを伝える時、「うちは、ほかのどこも置いていないような試験機を使って、しっかりとテストをやります」と言えば、アピールになるのではないか。買い手の立場からすると、その製品が客観的に見て非常に品質が高いものであれば、「では、朝日ミニロープ工業所に任せよう」と判断されるだろうと考えたのです。

次兄にはあきれられましたが、高価な試験機を導入しても利益は出ました。私と妻で始めた二人の事業は、順調なスタートを切ることができました。

大阪府堺市で創業。始まりは「小さな町工場」だった

名古屋に拠点を移し、大阪は製造会社に

私は「単位を変えて売る」のがビジネスの基本だと思っています。たとえば、グラムで仕入れてきたものをグラムで売っていては儲けが少ない。ならば、重量で仕入れたものは長さに変換する、あるいは本数に変えてみる。すると、そこに付加価値が生まれるのです。

その「単位を変える」ことこそ技術だと考えていました。そんな考えから、技術者を積極的に採用し、朝日ミニロープ工業所の受注も順調に増加していきました。

そして、創業から2年目を迎えた時でした。会計を見てくれていた次兄から「個人商店のままでいくか、法人化するかを決めろ」と言われたのです。

私は、株式会社化した方が銀行からの信用度も増し、資金的に楽になるだと

うと考え、「朝日ミニロープ株式会社」を設立しました。

法人化後も事業は引き続き順調で、釣り道具のテグスやオートバイのブレーキなどに使われるケーブルをステンレス化したいという注文をもらいました。また、かつて叔父の工場が競合他社に奪われたテレタイプのステンレスロープの受注を奪還することもできました。

そしてその3年後、滝中学・滝高校の同級生だった前田善雄君に入社してもらいました。前田君は大手自動車会社系列の設備機械会社に勤務していたのですが、その会社が業績不振で人員整理の話が出たこと、彼自身も不満があったことから、私が誘ったのです。

ただ、大手企業から町工場への転職ですから、本人はやる気があったものの、ご両親を説得しなければならない。そこで「必ず株式公開会社にしますから」と約束し、前田君の入社を納得してもらいました。

ちょうどその頃、トヨタ自動車から「車載部品の鋼線ロープをステンレス化したい」という打診がありました。この時、当社を含め数社が候補に挙がったそうですが、当社製品が一番良いとの評価でした。

ただ、大阪の会社というと、地理的に遠くて不利になるかもしれない。それなら「おひざ元に来ました」と名古屋に拠点を移せば良いと考えました。そこで大阪のことを前田君に任せて、名古屋市守山区に拠点を移転したのです。

大阪を製造会社とし、名古屋を販売会社（後の朝日インテック）としましたが、その後、名古屋でも生産や開発ができるようにしたのです。昭和51（1976）年のことでした。

前田君に任せた大阪・和泉工場

第三章　内視鏡との接点、海外生産の開始

代理店販売から直接取引に

どんどん製品を作って、それが売れていくのはありがたかったのですが、ある日、当社の機械を製作してくれた設備屋さんから、当時の当社の代理店だったある商社の動きがおかしいと告げられます。「朝日ミニロープの製品の仕様書をいろいろな会社に持っていっているようだ。別の会社で同じ製品を作らせようとしているのではないか」というのです。

自社開発した技術で作った製品をよその会社につくられてはたまらないので、その商社に3回ほど抗議をしました。しかし、事態は一向に変わりません。

そこで次兄と相談して、この商社とは決別することにしました。前日にその商社の担当者と一緒にゴルフをして、「じゃあ、さようなら」と別れた翌日に、一切の取引を辞めたのですから、先方もびっくりしたはずです。このことから、自社で直接お客様と取引できるようにしていくことが、私の事業の基本に加わりました。

そうこうしているうちに、直接取引をするには、製品であるミニロープを開発・製造するだけでなく、ミニロープに別の部品を組み付ける仕事もしなければならないことがわかり、昭和56（1981）年に組み立て用の工場・中部金属工業も建てました。なので資金面でも大変な苦労の連続でしたが、こうした経験により、たくさんの業界業種の動向を知ることができるようになったのです。

また、積極的にさまざまなメーカーにお伺いし、ミニロープ関連製品に対するご不満を聞いてまわりました。そのご不満を解決する製品を作って、メーカーにお持ちすると「これはいい。こちらに変えよう」ということになる。そうやって地道な努力を重ねながら、直接取引を増やしていきました。

その頃、現在の主要取引先であるオリンパスとのつながりができました。当時、オリンパスは他社のミニロープを使っていましたが、不具合が多く困っていました。今は当社の重要な子会社になっている東京のトヨフレックスの社長が私の元にやってきて、「別のロープメーカーと組んで、オリンパス様の医療用内視鏡に組み込む操作用のロープの開発を進めてきたが、うまくいかない。助けて欲しい」と言うのです。

オリンパスの求める規格は厳しく、無理だと答えたのですが、その社長は「どうしてもやって欲しい」と言います。私も困ってしまいました。

高精度な撚線加工が可能な撚線機を導入。より複雑なワイヤーの製造を可能とした

二度にわたってオリンパスの苦難を解消

オリンパスの基準に応えるには、当時の当社の実力では、良品率が10％ほどで、規格外製品の山ができてしまいます。そこで、この規格外製品をＯＡ機器関係に使ったらどうかと思いつきました。

規格面で内視鏡に使えなくても、その他の用途であれば十分に使えるものでしたから、ＯＡ機器関係のミニロープをすべてこのサイズにしてしまおう、というわけです。こうしてオリンパスが求めるロープの供給を開始することができました。

それからしばらくして、今でも当社と取引がある別の企業から「またオリンパス様で何か大変なことが起きている」という話がありました。そこでオリンパスに行ってみると、別の内視鏡用の処置具ロープがうまく開発できないという状況になっていました。

「今までA社というメーカーと一緒に開発してきたが、うまくいかない」というお話でしたが、そのA社とは、かつて当社のミニロープの仕様書を他社に横流したため、関係を打ち切った商社でした。

「あの会社はメーカーでなく商社です。御社に対しメーカーのようにふるまっているだけです。この手の商品は、大阪の泉州地区で作っていますから、見に来てください。問題の処置具ロープについては、取り急ぎ当社でやってみましょう。規格を教えてください。一週間後には製品をお持ちします」とお話ししました。

その頃、当社ではオリンパスが求めるような規格の製品を作るべく、機械の導入を進めていました。私は社員たちに「機械の設置を早め、この案件に取り組む。工場勤務の者は一週間徹夜だと思ってくれ」と話しました。約束通りに一週間後、出来上がった製品を持っていくと、「おお、これだ！」と評価していただきました。

この時「一度、泉州地区に来てください」と言った私のアドバイスを受け、オリンパスの技術者4人が当社に来ることになりました。応接室もないような状態でしたが、お迎えをして半日ぐらいお話をさせていただきました。

後日、オリンパスから「宮田さんのところで製品づくりをしてもらうことにした」という言葉をいただき、直接取引を始めることになりました。以前にもお話しましたが、高性能の試験機でデータを検証し「性能・特性・品質」を担保する姿勢も評価していただいたのだと思います。

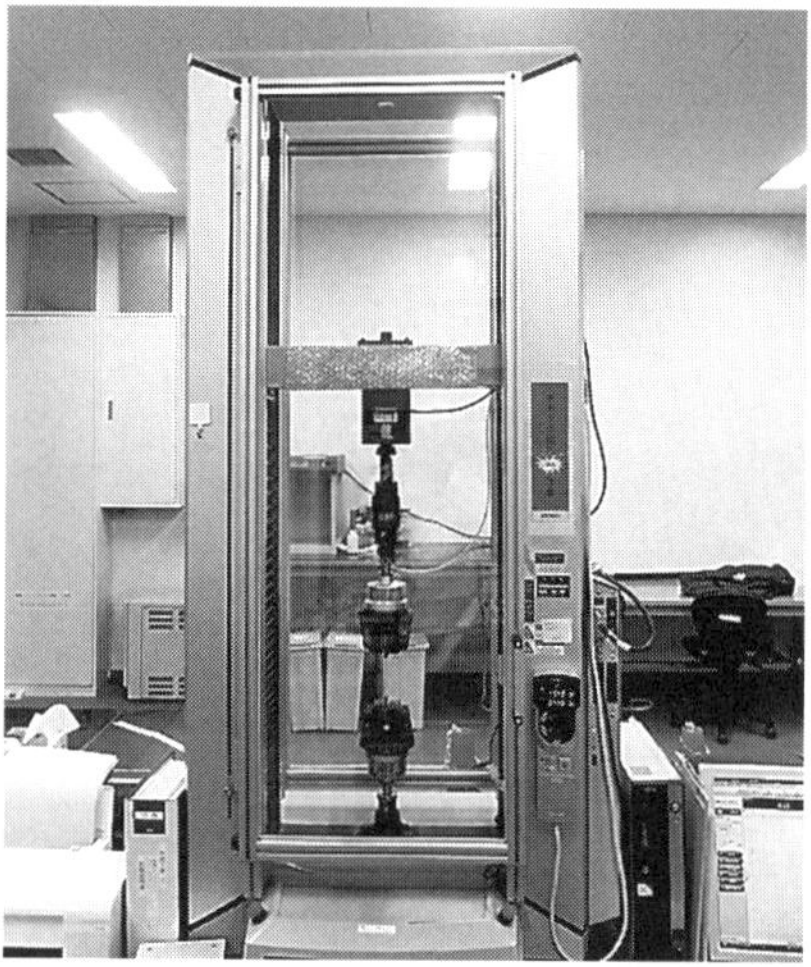

高性能の試験機でのデータ検証が評価された（写真は当時のものではなく、現在使用しているもの）

タイかマレーシアか、海外生産への模索

オリンパスとの関係ができつつあった昭和54（1979）年に、当社は和泉工場を新設。その後、伸線工場（ステンレス材を極細の単線に伸ばし、目的に応じた硬度・細さにする工程の工場）、名古屋にも撚線関係と、需要拡大に対応するために生産力の拡充を図っていました。80年代の後半に入ると、プラザ合意による為替の自由化で一気に円高になりました。

当社製品が使われる自動車やOA機器は輸出の割合が高いので、取引先からは毎月のようにコストダウンの要請が来ます。人件費の高い日本国内で作り続けるのは、いずれ限界を迎えるだろうな、と感じていました。

その一方でヨーロッパでは、部品の半分はヨーロッパ域内での調達が義務づけられ、取引先の一つであったナショナル（現在のパナソニック）から、ヨー

ロッパ進出を考えて欲しいという依頼が来ました。

そこで、海外生産を始めるべく、社員の中から中川定保君（現顧問）を専属とし、ヨーロッパでの工場立地調査に着手しました。

オランダ、ベルギー、スコットランドが候補に挙がりましたが、いずれも「帯に短し、襷《たすき》に長し」。不動産取得に関わる問題とか、未成年までの人件費は安くても、20歳以上になると一気にはねあがるなど、さまざまな条件が合いません。それでも一時はオランダで合意直前まで行き、新聞報道までされましたが、投資条件が合わずに破談になりました。

そのうちに、ナショナルから「他の部品で何とか50%を賄うから、ヨーロッパ進出は一時白紙にしたらどうか。ただ、海外進出は考えた方がいい」と言われました。

ヨーロッパ進出は断念したものの、いずれは海外生産が必要になることは間違いありません。そこで、さまざまな国・地域の調査を始めました。しかし、こちらもなかなかよいところが見つかりません。

この頃には、日本の製造業の多くが中国に進出、当社も中国への進出を検討しました。しかし、拠点をつくるにあたり、さまざまな観点で非常に困難であるとの判断に至り、その他の地域で進出できる場所を探すように、と中川君に指示しました。

しばらくすると、中川君から二つの国が有望だという報告がありました。それがタイとマレーシアです。しかしマレーシアは複数の民族で成り立っていて、各民族から採用しなければならないし、民族ごとに宗教が異なり、それぞれに休日があると言います。

一方、タイにはそうしたことがないということなので、タイへの進出を決定しました。

首都バンコクから車で約1時間の工業団地に開設したタイ工場

タイでの生産開始、若手にすべてを任せる

工場用地の確保から従業員の採用に至るまで、タイでの操業の準備は中川君と福井芳彦君（元常務取締役）の二人に任せました。私が現地に足を運んだのは、竣工式が初めてでした。

中川君は私の姉の息子で、海外生産の候補地探しから担当していました。福井君は、ある日、外国人のお客様が当社を訪れた際に、「名古屋市内の案内ぐらいの英語はできます」とアテンドを申し出てくれ、今までの当社社員にない技量を見せてくれました。この二人であれば大丈夫と思って、全面的に任せたのです。

私が指示したのは「タイは農業国。若い人がモノづくりをできるかどうかわからない。モノづくりに欠かせないノギスが使えるかどうかを確認して欲しい。

ノギスには本尺と副尺があるが、副尺まで読めるかどうかをテストしなさい」ということだけ。現地から「教えれば結構読めますよ」という報告が来て、私は、それならタイの生産はうまくいくに違いないと感じました。

当初の計画では、タイの工場はロープに端子などの部品を組み付ける作業を行う拠点とし、従業員も約70人の予定でした。しかし、単に組立をするだけなら、作業代の収入しかなく、利益は上がらない。

それに中川君も福井君も日本でロープの仕事をしてきたから、知識と経験はある。それならば、とタイの工場に生産設備も持っていき、ロープの簡単な生産ができるようにしました。

操業開始は平成2（1990）年。最初のうち、彼ら二人は異文化間ならではの大変な苦労をしたようです。従業員に作業服や作業靴を支給しても、工場に靴を履いてこない。

なぜかと聞けば、「よそ行き用に取ってある」という。靴を履かせる指導からしたそうですが、それが今では医療機器を生産できるような工場に成長しました。

やがてタイでの生産は軌道に乗り、取り扱い製品を拡大、工場も拡充しました。なぜ生産を積極的に海外に切り替えたかというと、国内だけでは行き詰ると思ったからです。無理をしてでも海外に生産を移せば、国内の人員にも生産機械にもスペースにも余裕が出てくる。

その余裕を活用して、国内の社員・従業員たちに新しいことに挑戦させようとしたのです。モノづくり企業は、工場のスペースや生産能力に空きがないと、新しい技術開発をすることができません。工場が手一杯では事業も成長しない。

これも私の基本的な考え方の一つです。

2001年には、メディカル工場が完成し操業を開始した

ＯＥＭ生産を通して医療機器生産を学ぶ

タイの生産拠点では、当初、主に産業機器用のロープの生産を行っていました。これらの生産が軌道に乗り、国内から生産を次々と移管していく中で、オリンパスから「内視鏡治療に用いる処置具であるスネアという製品のＯＥＭ生産をタイ工場で行って欲しい」という話をいただきました。

スネアは商材として付加価値があまり高くなく、単価が安い商品でした。当時のタイは人件費が安く、タイで作ればオリンパスにとって当社からの仕入れコストが下がるというメリットがありました。

問題はタイの工場の生産技術を、医療機器生産に対応できるところまで高めなければならないという点にありました。医療用のＯＥＭ製品を海外生産するというのは、オリンパスにとっても初めての経験だったそうです。

そのため、同社からは全面的に指導を受けました。同社の青森の事業所から、品質保証担当、製造ライン担当、その他の技術担当と、社員の方が入れ替わり立ち替わりタイ工場を訪れ、1年半ぐらい付きっ切りで立ち会っていただきました。

この時、医療用の部材や製品を作る工場として、何に気をつけなくてはいけないのかを、一から教えていただきました。従業員の帽子のかぶり方、作業服の着方をはじめ、ノブを手でつかむのではなく肘で開け閉めができるドアにするなど、細かいことまで指導していただきました。

このオリンパスのOEM生産を通して、タイ工場はクリーンルームを含めた生産環境、およびバリデーション（※）についても学ばせてもらいました。

私たちにないものをお客様から教えていただけるというのも、OEM生産のメリットではないかと思います。

たとえばＯＥＭ生産で製品クレームが出たとします。そのクレームはなぜ発生したのか、どういうところを直さなければならないのかを、お客様から厳しくチェックされることが、私たちにとって貴重な勉強になり、それが技術力につながっていく。だから今でも、当社にとって、ＯＥＭ事業は技術力の向上という重要な役割を担っていると考えています。

※バリデーション：医療機器の製造工程や製造方法が、目的とするものを製造するのに最適かどうか、科学的根拠や妥当性があるかどうかを検証する一連の業務。

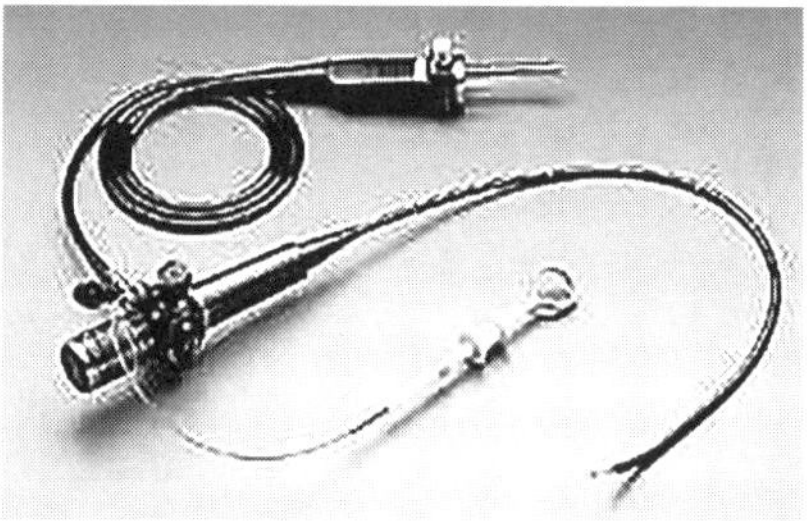

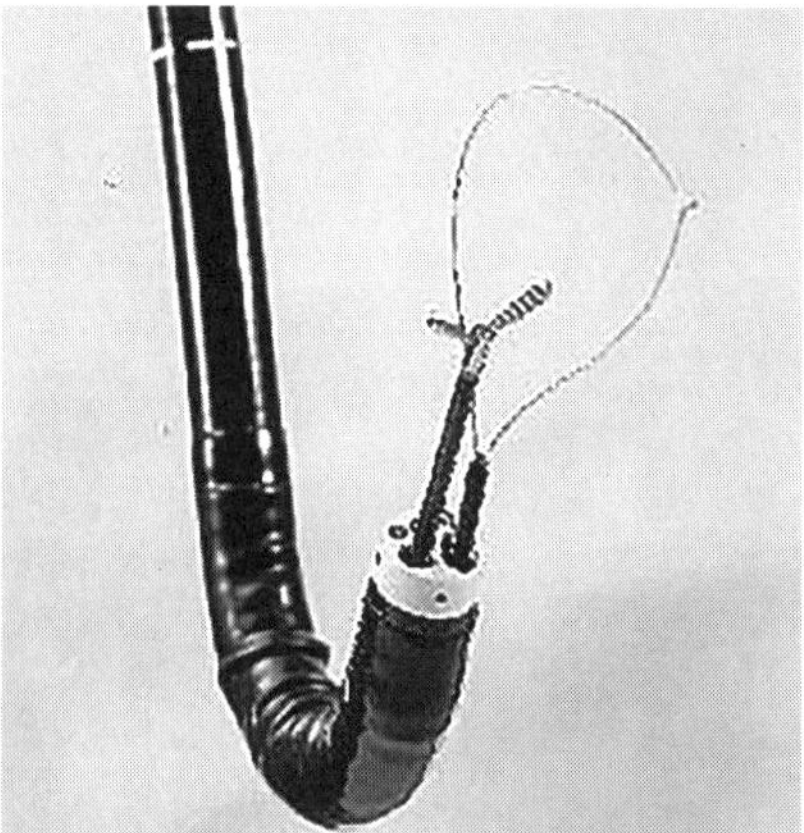

タイでワイヤーロープなどの医療部材（使用例：内視鏡処置具の部材）を生産し供給。上は内視鏡。下は処置具

現在の「朝日インテック」に社名変更

タイでの現地法人設立の1年前の昭和63（1988）年、朝日ミニロープ販売株式会社は、社名を朝日インテック株式会社に変更しています。その社名の由来についてもお話しします。

妻の叔父が経営する町工場から独立し、創業した際の屋号は「朝日ミニロープ工業所」でした。屋号に「朝日」をつけたのは、「あ行」から始まる名前にこだわったからです。

学生時代は答案や論文を提出しますが、大学の先生方は学籍番号の若い順、つまり「あ行」の学生のものから読んでいきます。私は自分の苗字が「宮田《みやた》」で、50音順ではかなり後ろの方になりますから、自分のものが読んでもらえる時には、先生方が飽きてしまっていて、あまり高い評価がもらえず、損をしたと感じていました。そんなことから「あ行」で始まる名前をつけたかったのです。

ジャズのスタンダードナンバー、「朝日のごとくさわやかに」が好きだったことも、朝日を屋号に用いた理由の一つです。

「インテック」は、将来の事業拡大を見越して、ミニロープ専業のイメージを払拭するためにつけました。インテリジェンスとテクノロジーを組み合わせた「インテック」という造語にすることによって、これから「技術力で新しい価値を生み出す可能性を探究する」という思いを込めました。

さらに「朝日」の英語表記（ASAHI）に関しても「A：アクティベイト」「S：サービス」「A：アグレッシブ」「H：ハイテクノロジー」「I：イノベーション」の意味であると整理。「INTECC」の「IN」にはインターナショナル、インベスティゲイション（研究・探求）、インテリジェンス、インテレクト（知性・知力）、インダストリウス（勤勉）、「TEC」にはテクノロジー、最後の「C」はカルチャー（教養・文化）を表すものと定義しました。

また、この時に企業理念を表した社是も制定しました（82ページ参照）。これは役員と従業員の行動原理を示すもので、我が社が大切にしてきた考え方や姿勢を記しています。この三つの社是は、制定以来、今も唱和し続けています。

1.「**技術の開発**」はわが社の**生命**《いのち》であり
新しい技術、商品の開発に挑戦する。

2.「**顧客第一**」をわが社の**心**として
最高の商品、サービスを提供する。

3.「**業績の追求**」こそわが社の**魂**であり
企業の繁栄と個人の幸福を追求する。

企業の理念を表した社是を制定

第四章　医療機器分野への挑戦

新たな事業分野を模索

名古屋移転にともない、さまざまなお客様と直接取引をするために組み立て専用の工場・中部金属工業を作り、当社が作ったロープに、さまざまな端末部品をつけてお客様に納品する体制をとっていました。

しかし、タイへの生産移管を進めた結果、国内の工場には新たな分野に挑戦できる余裕が生まれました。当社は、オリンパスから医療用内視鏡機器の操作ロープの注文はいただいていたものの、まだ産業機器用部材の生産がほとんどを占めており、次の事業の柱を何にすべきかを考える時期になっていたのです。

ちょうどそのころ、私は「既存の国内工場も中部金属工業の施設も古くなった。これから新たな成長をするために、拠点になるところはないか」と用地を探していました。

ある日、偶然に「新しくできる瀬戸市の暁工業団地に入居する企業を探している」という話を耳にしたのです。早速問い合わせてみると、すでに16社の入居が決まり、予定区画はすでに埋まっている、という返事がありました。瀬戸市にダメ元で頼んでみたら、「それなら17番目としましょう」と、わざわざ区画を開けてくれたのです。

最後に追加で決まったのだから、団地の片隅なのだろうと予測していたら、真ん中の場所に入れとのこと。これは瀬戸市が気を使ってくれたのでしょう。瀬戸市の産業と言えば陶磁器ですが、当社は陶磁器を一切扱っていません。異業種の当社が新しい工業団地の目立つところに入った方がいいだろう、と判断されたのだと思います。

新しい拠点の用地は確保できましたが、そこで何をするかが問題です。私は、せっかくやるのだから二番煎じではなく他社と違う事業がいい。そして、多くの資金を投資して機械設備を整えるからには、利益率の高い事業で、これまで培ってきた自社の技術を生かしてできるものでなければならない、と考えていました。

オリンパスの仕事を受注してから、私の考える条件に合うのは医療機器分野だと思っていました。そして、社員からも「医療機器分野をやったらどうか」という話が持ち上がってきたのです。

瀬戸工場は平成３（1991）年に完成した

瀬戸の新工場で治療用ガイドワイヤーの開発を開始

新たな柱とすべき事業分野へのビジョンは決まったものの、何から始めるかが問題でした。当社の技術で実現できるものは、内視鏡関係と血管系の検査用カテーテルなどですが、これらはすでに複数の国内企業が手掛けていました。オリンパスとの取引以外に実績もノウハウもない私たちが、医療機器分野で生き残るためには競合相手が少ない分野を選択する必要がありました。

そんな時に着目したのが、血管内で用いるカテーテルの挿入を案内（ガイド）する「治療用ガイドワイヤー」です。当時、日本で使われていた治療用ガイドワイヤーのほとんどはアメリカ製。「技術的に難易度の高い治療用ガイドワイヤーに挑戦しよう。国内メーカーがやっていないのなら当社で作ろう」と決め、社内に通知しました。

ただ、当社と関係がある顧客や取引先に黙って開発を進めるわけにもいかないので、後に取締役になった湯川一平君が「当社も治療用ガイドワイヤーの開発に参入します」とあいさつに行ってくれました。どの企業も快諾してくれましたが、内心は「後発の朝日インテックにできるはずがない」と思っていたのではないでしょうか。当時のアメリカの治療用ガイドワイヤーの技術は非常に高く、湯川君があいさつにいった先の複数の会社が挑戦したものの、成功例はありませんでした。

部品としてのガイドワイヤーを提供してきた経緯から、基本になるいくつかの技術はすでに当社にあり、試行錯誤の結果、トルク伝達性（回転する力の伝わりやすさ）が高いワイヤーが出来上がりました。

また、治療用ガイドワイヤーには、フッ素コーティングすることが求められました。フッ素コーティングとは、滑り性能を向上させ、モノがこびりつきにくする技術です。カテーテルを挿入する際に使われる治療用ガイドワイヤーの表面に、生体のさまざまなものが付着しないようにするため、フッ素コーティングをすることが必要だったのです。

当社は過去に樹脂のコーティングはしたことはありましたが、フッ素コーティングは未経験。その技術は持っていませんでした。幸い私が技術開発の支援をしていた会社の中に、「フッ素コーティングをやってみたい」という会社があり、その会社と一緒にフッ素コーティング技術を研究し、ついにモノにすることができました。ちなみにこの会社は後にM＆Aによって子会社となり、今は当社グループの一員になっています。

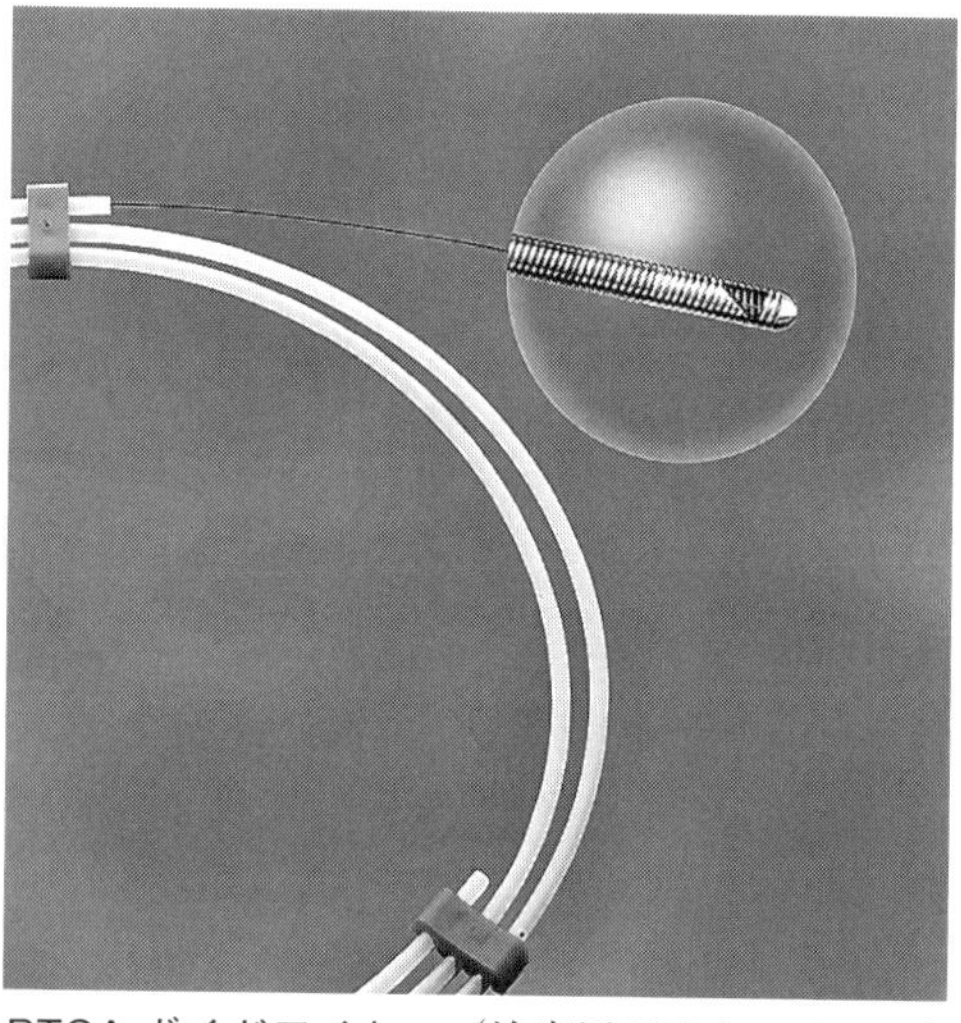

PTCA ガイドワイヤー（治療用ガイドワイヤー）

ガイドワイヤー技術の蓄積

　このように治療用ガイドワイヤーの開発は比較的順調に進んだのですが、一度だけ頓挫しかけたことがありました。ガイドワイヤーを作るには、ステンレス鋼とプラチナ合金を接合する必要があり、私たちは最も簡単な方法で行おうとしていました。しかし、この方法がアメリカの最大手企業の特許になってしまったのです。当社以外で治療用ガイドワイヤーに挑戦していた会社は、「この工法の特許が登録されてしまったので、これまで開発してきたものは市場に出せない」と開発を中止してしまいました。

　特許が成立してしまった以上、別の方法でステンレス鋼とプラチナ合金を接合しなければなりません。当社は産業機器分野で、ステンレスとステンレスを接合し、伸線機という機械を使って一つの材料にするという実績がありました。

「それなら異種金属でもできるのではないか」と考え、当時大阪にいた長野聡君（現フェロー）にこの仕事を任せました。

数カ月経って、長野君が「すべて加工途中でブチブチと断線しました。1本だけいいところまでいったのですが、7割ほど加工した段階で断線しました」と報告してきました。報告を聞いた私が大阪に行った時、彼の上司が失敗した試作品の山を見せてくれました。

彼らは「こんなに失敗しているんだから、もう限界だ」と思っていたのでしょう。しかし私は、1本でも途中まで成功したのなら「これはできるはず。絶対に量産はできる」と考えたのです。もっと数多くの技術要素を盛り込んでいけば、モノになるはずだと思いました。これまで自分たちのやってきた成果を見れば、現在のアメリカ製よりもよいものができる。私にはゴールが見えていました。

ただ実際には、そんなに簡単にできる話ではありません。大阪で開発をさせていたのですが、私がいる瀬戸とは距離があって、私の目も届きにくく、何かとやりにくい。長野君に「伸線機を持って瀬戸に来い」と言いました。それほど重要な案件だったのです。長野君は溶接機メーカーをはじめ、さまざまな会社に相談し、いろいろな方法を試しながら開発に取り組み、やっと量産化まで完成させることができました。長野君が担当になってから、約2年の月日が流れていました。

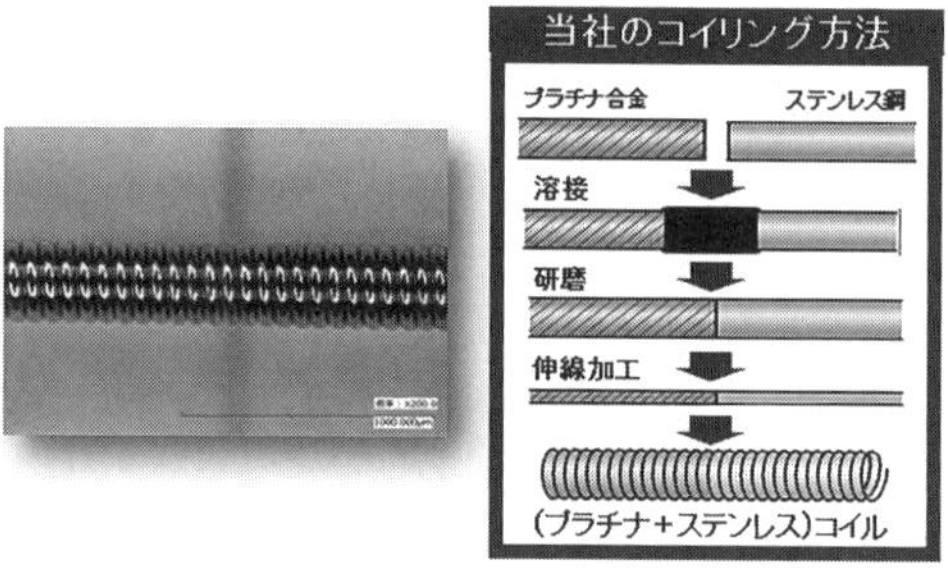

プラチナ合金とステンレス鋼を接合したコイリング

諦めない開発魂がオンリーワン商品を生み出す

新しい技術開発というものは、諦めたところですべてが終わります。一つ大きな壁にあたったら、大抵の人は断念するものです。しかし、そこに諦めない人間、遮二無二に取り組んでくれる技術者がいれば、その壁を打ち破ることができるのです。大学時代に私が研究していたトランジスタも、不良品の山の中にあってソニーだけが諦めなかった。それと同じなんです。

このように、当社は「ないものは作る」「精度をもっと極める」というエンジニア精神を大切にしています。すぐに製品化できなくてもオンリーワンの商品が生まれる可能性があればその発想は尊重するのです。

その一例が今も当社のオンリーワン商品といえる「多条コイル」です。瀬戸の新工場で医療機器の開発が始まったころ、中途入社の技術者である故松尾一美君（元技術フェロー）が、彼はずっとOEM関係の担当だったのですが、偶然「多条コイル」を開発しました。金属のロープには必ず芯があり、芯を取り巻いている外側があるのですが、松尾君はこの芯を取り除き、中が空洞のものを開発したのです。こうすると、トルクの利きが格段に上がるうえ、中が空洞ならば、そこにいろいろなものを詰めることが可能になる。何かの産業に使えるかもしれないと考え、アメリカで行われた見本市に展示物として出品しました。

すると、これを見たアメリカの医療機器メーカーの技術者が「多条コイルを血管に入れ、空洞部分に血管内の血栓（血液が凝固したもの）を吸収し、その後で多条コイルを体の外に出せば、血栓の除去ができる」と気付き、この多条コイルは医療部材として注目を集めるようになりました。

そして多条コイルを医療部材として生産できるようにするために、タイへの生産移管によって余裕ができていた和泉工場で研究開発を進めることになったのです。

このように瀬戸の新工場と大阪の和泉工場を中心に、当社の医療機器分野への挑戦が始まりました。

米国最大の医療部材展示会に展示した「ACT ONE」（多条コイル）

百田最高技術顧問との出逢い

医療機器分野への参入にあたって私には危惧していたことがあります。それは「当社にはこの分野に精通した開発リーダーも技術者もいない」ということでした。産業機器分野に関しては、これまでの実績もあり、問題はなかったのですが、医療機器分野は当社が作った製品が最終製品で、朝日インテックの名前で販売するというもの。ご存じのように、医療機器には行政当局の許認可も必要です。

また、医療の世界ならではの考え方や習慣、文化もあるでしょう。どんなニーズがあるのかも含め、医療の「モノづくり」に精通した人財（当社では人材を人財と表記します）が必要だと考えました。そんな折、後に最高技術顧問になっていただく百田昌司さんに出逢ったのです。

百田さんに会ったのは、フッ素コーティングの技術開発をともに行った会社の事務所でした。私からの個人出資でフッ素コーティングの会社が動き出したので、当社の医療機器分野を担当していた湯川君に、「一緒に見に行きましょう」と誘われ、神奈川県小田原市の事務所に出かけました。「先約があるので待って欲しい」と言われ、事務所で待っていると、その先約こそが百田さんでした。

当時の百田さんは他の医療機器メーカーで工場長をされていました。私は名刺交換をした時に、「これから朝日インテックも医療機器分野に進出することを考えています。よろしくお願いいたします」というようなお話をしました。

百田さんと私の接点は、そこで一度、終わります。私自身はこの時、「この人と一緒に仕事ができたら」というところまでは思い至らなかったのですが、湯川君は「ぜひこの人に来て欲しい」と思っていたようでした。当社は医療機器メーカーとの付き合い方はわかるものの、その先の病院や医師との付き合い方がわかりません。湯川君はそこに大きな不安を感じ、「経験豊富な百田さんに来てもらい、当社の医療機器分野を引っ張っていってもらえれば」と考えたのです。

「そういうことなら」と、私も正式にお話するべきと考え、百田さんにお会いして「うちに来てください」とお願いしました。しかし、この時の返事は「今、取り掛かったばかりの仕事があるので、しばらく待って欲しい」というものでした。

現最高技術顧問の百田昌司さん

百田さんの入社でメディカル本格参入へ

百田さんの入社を待っている間、当社は瀬戸工場の建設や滅菌設備の整備、ガイドワイヤーの開発などに取り組み、またたく間に3年が過ぎていました。

ある日、医療機器分野担当の湯川君が私のもとにやってきて、「そろそろ百田さんとお話しましょう」と言ってきました。そこで面談の地である東京・新宿の京王プラザホテルに向かいました。

ホテルには百田さんと奥さま、お嬢さまがいらして、一緒に食事をしましょうということになりました。百田さんはご家族に詳しく転職の話をしていらっしゃらなかったようで、突然「名古屋の会社に転職する」と告げられ、「どんな会社に行くのか、どんな社長の元で働くのか」と心配になったのだと思います。その不安を取り除くための会食になりました。

百田さんは「2、3年もすれば東京に戻れるから」とお話になっていたようです。しかし当社としては「2、3年と言わずに、ぜひ医療機器分野の中心になって欲しい。百田さんが筆頭になって新規分野の開拓をしていただきたい」という気持ちを素直に伝えました。そんなやりとりがあって、百田さんの入社が決まりました。

私が百田さんにお任せしたのは開発、製造をはじめとする医療機器分野のすべてです。ただし、私たちのモノづくりの基盤であるミニロープやワイヤー等の技術に関しては、その分野の技術に詳しい私が受け持つことにしました。

そしてこれから医療機器分野をやっていくにあたり、ガイドワイヤーだけでなくカテーテルも手掛けることにしました。多くのメーカーは樹脂メーカーにカテーテルのチューブを発注しています。私たちもそこに発注しようということになりました。

ところがメーカーとして後発の私たちの仕事には、なかなか取り組んでもらえません。納期や品質の問題もあって、「うまくいかないのなら、自社で作ろう」ということになりました。私自身、工業用のロープに樹脂をかぶせることは過去にやっていましたので、その技術を応用して取り組むことになりました。専用の機械を設置し、百田さんの指導のもと、私や湯川君、他のエンジニアが一緒になって樹脂チューブも内製化できるようになりました。

瀬戸メディカル工場にて（右端が百田さん、中央が私）

医療機器と産業機器の販売の違いに戸惑い

百田さんには最初は常務取締役として、後に専務取締役になってもらいました。モノづくりの泥臭い部分は、職人である私の仕事ですから、百田さんには、医療現場に対して我々は何ができるのか、医師から要望があったらどう対応するのかなど、ビジョンの部分を担ってもらおうと考えました。また、当時の私たちは医療機器の行政当局の許認可にはまったく疎かったので、その点も補ってもらいました。

当社は、産業機器分野の需要に応えて製品を生産してきたため、私たちには「モノは作ればすぐ売れる」という感覚がありました。医療機器分野では認可がいることはわかっていましたが、「認可はすぐに取れて販売できる」と思っていたのです。

しかし、実際には認可だけで数年間かかる。当初開発したバルーンカテーテルは認可が下りるまで3年かかり、その頃には陳腐化してしまって、市場では売れなくなってしまいました。「作ったらすぐ売れる」産業機器分野の需要と違い、投資が予想以上に増えて回収ができない。当惑していた私に、百田さんは経営面でのアドバイスもしてくれました。

当社には、このような医療業界の現状を知る人がいなかっただけに、百田さんの存在は実にありがたかったのです。百田さんが当社に入社して、初めて一から開発を手掛けたのは血管検査用ガイドワイヤーと血管検査用カテーテル。機能的には血管内をスムーズに通り、心臓の冠動脈などに誘導やセットが出来ればよく、技術的にはさほど難しいものではありませんでしたが、それでも発売までに2〜3年かかりました。

医療機器の開発で欠かせないのが、医師の評価や意見です。一対一になって製品の話をするわけですが、医師が納得できるように技術的な話を理論的にしなければならないし、医師からのアドバイスを正確に理解しなければならない。百田さんはこれまでの経験でそのような力を持っていましたから、その仕事ぶりは勉強になりました。

この頃は病院の「カテーテル室」の前室（カテーテル手技を行うための準備をする部屋）に、業者が出入りできました。百田さんは率先して前室を訪問し、医師からさまざまな話を聞いたり、自社の製品サンプルを持ち込んで、意見を聞いたりしました。その姿を見た後輩の技術者たちも、百田さんを見習って医師とのコミュニケーションを取るようになりました。

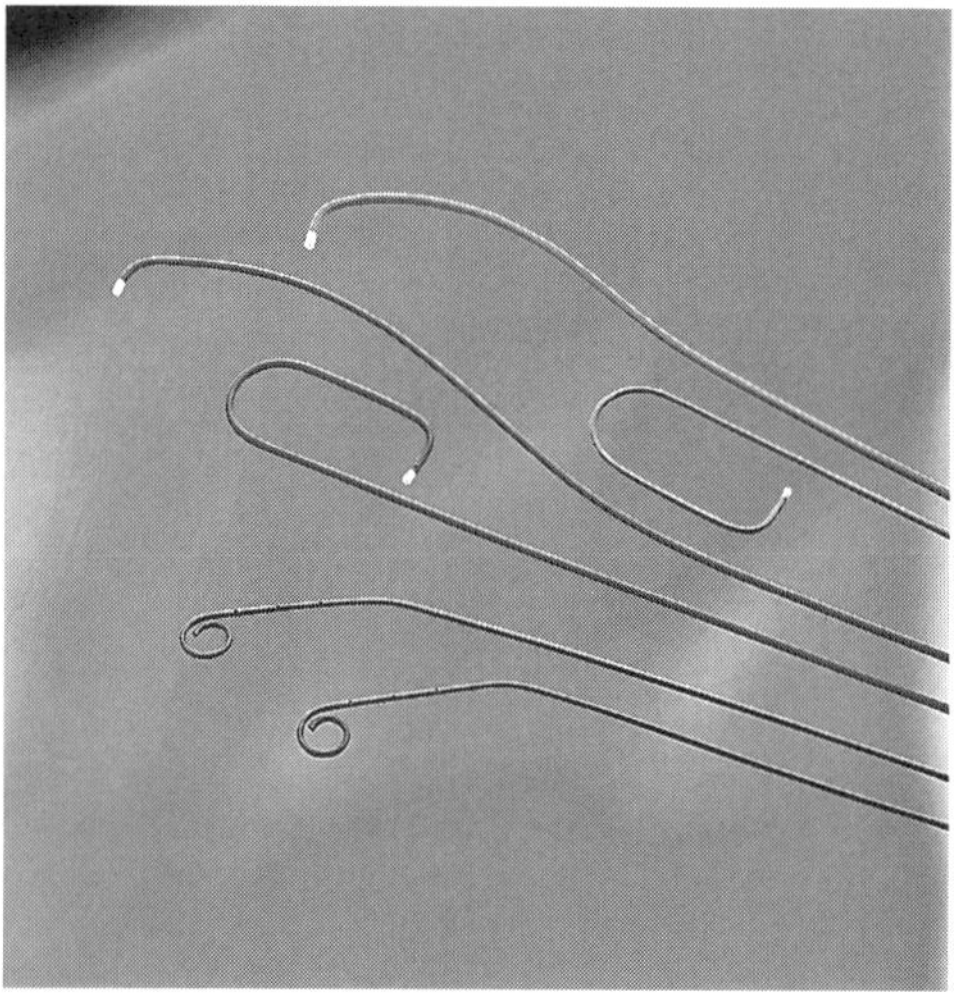

血管検査用カテーテル

第五章　有力ドクターとの関係構築

多くの医師から助言を得られるように

医療機器の開発には、医師の意見を聞くことが欠かせません。しかし、当時の朝日インテックは異業種からの参入であり、医療業界では最後発組。医師の中ではまったく知名度がありません。病院へ医師をお訪ねしても、治療や手技の間待つこと2~3時間。それでも医師が忙しければ会ってもらえないし、会っていただいても面談時間が5~10分ということが続きました。

百田さんが専務取締役になって、メディカル事業の中核を担ってくれるようになってから、百田さんのコネクションもあって、こうした状況は改善。キーパーソンとなる医師と接触できるようになりました。最初は循環器系疾患の専門病院である豊橋ハートセンター（愛知県豊橋市）の鈴木孝彦先生（現院長）。私は直接お会いしたことはありませんでしたが、百田さんと加藤忠和君（現常務取締役）が中心となり、鈴木先生のアドバイスをいただきながら、CTO（※）専用のガイドワイヤー「ミラクル」を完成させました。

このほか当時は春日井市民病院に勤務されていた飯田邦彦先生（現ヨナハ総合病院副院長）にも、加藤君が試作品を見てもらうなど、よい関係を築くことができました。次第に医師の方々も当社を訪問されるようになって、いろいろなご意見やご要望、アドバイスをいただけるようになったのです。

中でも大きな転機となったのは、豊橋ハートセンターの加藤修先生（現CCT理事　ベオグラード大学客員教授）との出逢いです。加藤先生には実にいろいろな事を教えていただきました。ご自身が使うだけであれば、別の要望を出すところを「メーカーとして売っていくには、こうした要素を取り入れた方がいい」というように、私たちの立場を考えたアドバイスをしてくださいました。

加藤先生が当社を訪問した際に、産業機器分野の製品を見て「この技術は医療機器に使える」と言われ、そこから製品化したものもあります。それが貫通カテーテル「トルナス」です。これは後に「コルセア」という製品に引き継がれましたが、この製品はガイドワイヤーに次ぐ売上を誇る製品に育ちました。医師の視点は私たちとは違うな、と実感した出来事でした。

※ＣＴＯ：Chronic Total Occlusion（慢性完全閉塞病変）の略。血管内が石灰化などで完全に詰まったまま、長期にわたり放置された病変。

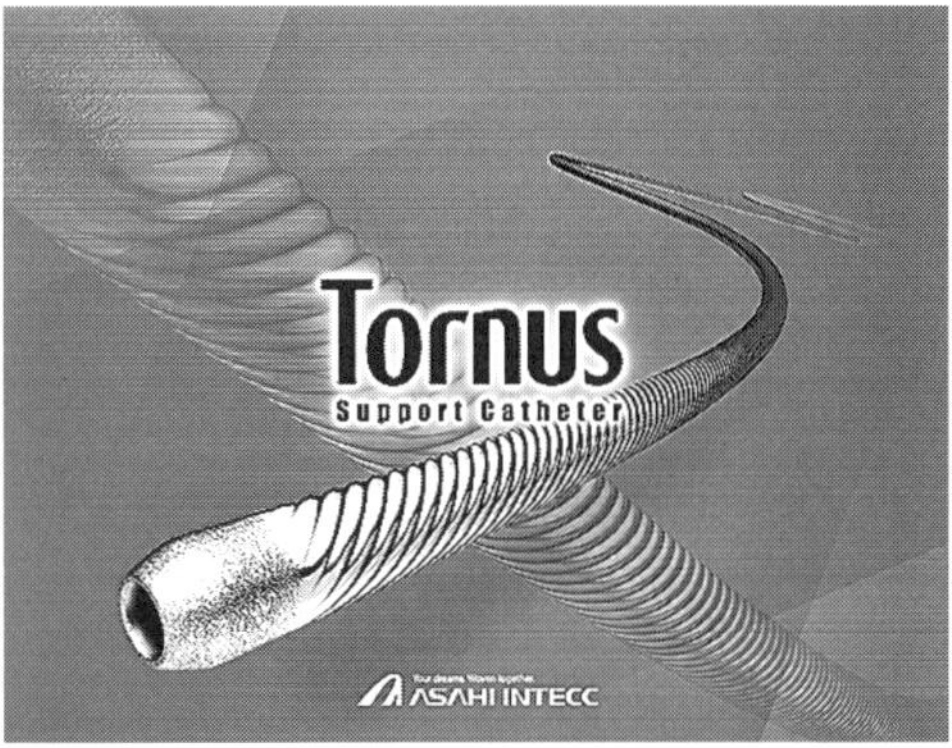

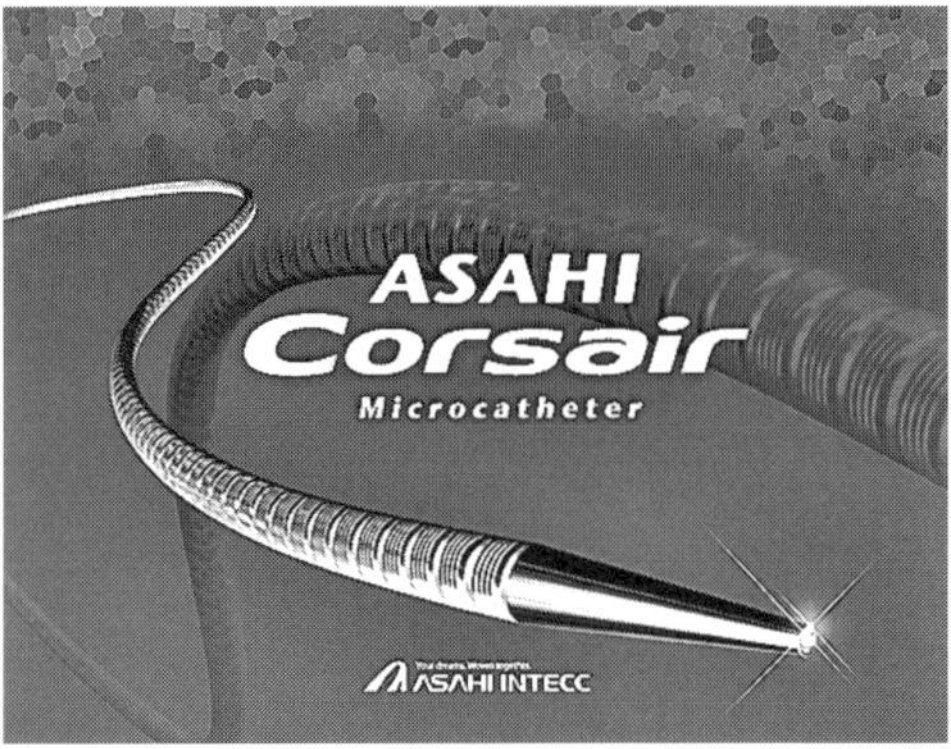

加藤先生の発案で製品化した「トルナス」㊤と
後継の「コルセア」㊦

医療現場の要望を真摯に受け止める

加藤先生をはじめ医師の方々がお話されることは、最初は何をおっしゃっているかわからないこともありますが、何度も伺っているうちに「こういうことをおっしゃっているんだ」「このような方向性の話なんだな」とわかってきます。だから私は社員に「絶対にギブアップするな。医師の方々のお話にとことん付いていけ」と指導しています。この姿勢は技術者だけでなく、その他の業務を行う社員全員に浸透しているのではないかと思います。

日本の医師は早くからCTOなどの治療が困難な症例に対する低侵襲治療（カテーテルなどを使用し、身体になるべく傷を付けず、患者様の負担を少なく治療すること）に取り組んできました。その治療を行うためには、より効果の高い医療機器が必要になります。その医療機器を作っているのは、当時はアメリカの企業ばかりでした。日本の医師が「こういう医療機器が欲しい」「こんな機能があれば」と要望を出しても、アメリカの企業からすれば「日本の医師が何か言ってきた」ぐらいにしか受け止めない。加藤先生に限らず、著名な医師が要望を出したとしても、「なしのつぶて」という状態が多かったのではないでしょうか。

そんな中、私たちは、ひたすら医師の話を伺いました。医師の方々はそのひたむきさを評価すると同時に、「朝日インテックは自分の思っていることをどんどん聞いてくれる会社だ」と感じ始めていらっしゃったのではないかと思います。

ある日、加藤先生から長さが3メートルのガイドワイヤーの開発を頼まれました。それだけの長さがあると、足の大腿動脈からガイドワイヤーを挿入しても、身体を突き抜けてしまいます。しかし、冠動脈の狭窄が厳しく、通常の方向からガイドワイヤーなどが通らない場合は、冠動脈の別の血管からガイドワイヤーを迂回させ、通常とは違う反対方向から狭窄部を通すために3メートルもの長さが必要だということでした。加藤先生はその手技を確立されているから、このような需要が出てくるわけです。だからこそ私たちは著名な医師のご要望を真摯に受け止めて、それに対して何らかの答えを出すということを全力で行っています。

加藤修先生

ＰＴＣＡ分野で日本の医療に貢献

ここで当社のガイドワイヤーやカテーテルが使われる医療現場について説明しましょう。カテーテルなどを用いて行う治療はＰＴＣＡ（※）と呼ばれます。狭心症や心筋梗塞などの虚血性心疾患の治療法で、心臓に血液を供給している冠動脈が細くなる症例や詰まっている症例に、ガイドワイヤーで病変部を通過させ、そのガイドワイヤーに沿って、バルーンカテーテルを病変部まで誘導し、先端についたバルーンを拡張させ血管を内側から押し拡げ、血流を取り戻します。身体に大きな傷をつけることなく、治療ができるので、患者様の負担が少ない方法として注目されてきました。

当初、ＰＴＣＡ治療は簡単な症例を対象にしていましたが、日本の医師は高い志を持ってこの治療の発展に挑み、私たちのようなメーカーもその思いに応えるべく、さまざまな医療機器の開発に取り組みました。

当時、当社の治療用ガイドワイヤーが他社製品よりも優れたトルク性能（医師が手元でガイドワイヤーを1回転させた時に先端も同時に1回転することが理想）をもっていることに注目していた日本の医師が、これまで外科手術で対応していたCTOなどの難しい症例もPTCA治療が可能になるのではと考え、当社にその期待が寄せられました。その期待に応えて開発した初のCTO用ガイドワイヤーによって、CTOなどの症例はPTCAでも治療できるようになり、その領域では今や日本がアメリカを凌駕しています。

この背景には、難しい症例を日本では可能な限りPTCAで治療してみようという考え方に対し、アメリカでは治療技術の確立した外科手術で対応しようという考え方があったのかも知れません。しかし、日本の考え方がPTCA治療の発展に繋がったことは確かです。

循環器内科が担当するＰＴＣＡのような低侵襲治療であれば、患者様の身体的負担も少なく、数日間の入院で済むし、ベッドの回転率も高い。しかし、外科手術であれば、少なくとも数週間は入院しなければならない。ＰＴＣＡは病院にも患者様にもメリットがあるのです。特に高齢者や身体の弱った患者様にとって、身体的負担が少ないのは魅力だと思います。

だからこそ、難しい症例において日本がリードしてきたＰＴＣＡ治療が世界に受け入れられたのは当然のことですし、創業時より「他社がやらない一番難しいこと」に挑戦し続けてきた当社がその発展に貢献できたことをうれしく思っています。

※ＰＴＣＡ：Percutaneous Transluminal Coronary Angioplasty（経皮的冠動脈形成術）の略。

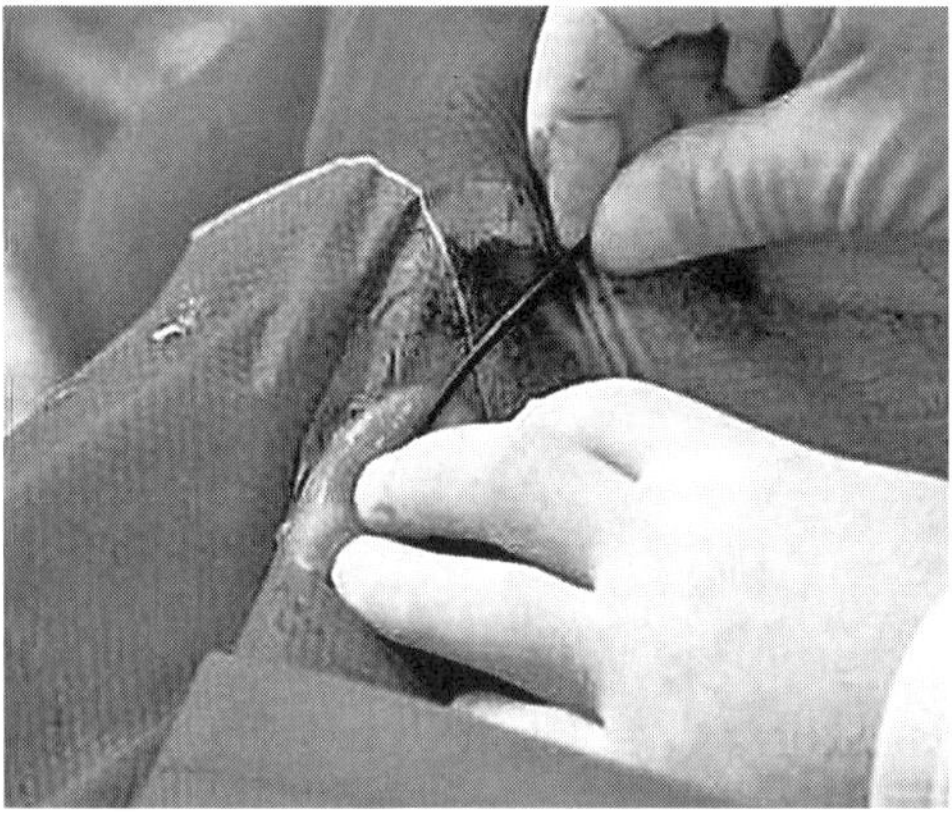

PTCA 治療（カテーテルを血管に挿入している様子）

治療用ガイドワイヤーで圧倒的なシェアを得る

ＰＴＣＡ分野において、当社の初めての治療用ガイドワイヤーは「ソフト」という名称で平成６（１９９４）年に発売されました。当時はアメリカ・ＡＣＳ社のガイドワイヤーが市場を席巻していました。ＡＣＳ社はガイドワイヤー先端の加工で特許を取っており、当社はこれを回避することが課題でした。ＡＣＳ社が先端部の二つの金属コイルをかみ合わせて接合するのに対し、当社は二つの金属を１本の極細ワイヤーに加工し、そのワイヤーをコイルにする方法をとりました。この加工によってＡＣＳ社の特許を回避しただけでなく、同社製に比べて柔軟性をはるかに向上させることができました。

その翌年に販売された「ミラクル」は、ＣＴＯ用に開発された製品です。先にお話したように、豊橋ハートセンターの鈴木孝彦先生からの依頼を受けたもの。これも開発に苦労しましたが、鈴木先生のご意見・ご要望を聞き、コレステロールなどで完全に詰まった病変を「回転」と「押す」操作で通過するようにし、製品化に成功しました。

従来、CTOはPTCA治療が難しいとされており、「ミラクル」はCTOにおいてPTCA治療を可能としたガイドワイヤーになりました。CTOの治療成績がこのガイドワイヤーで向上、当社の名前が医療業界で知られるようになった製品です。

さらに当社の知名度向上に貢献したのが、平成10（1998）年に販売されたCTO用ガイドワイヤー「コンクエスト」です。これは台湾の故李登輝元総統の治療を担当した故光藤和明先生（倉敷中央病院）の依頼で開発されたもので、先端部を強くするとともに、先端に向かって徐々に細くし、病変部を突き進むイメージのガイドワイヤーです。

このほか一般のＰＴＣＡ用としてトルク性や柔軟性および復元性を向上させ、ステンレス製ガイドワイヤーの限界に挑戦した「シオン」シリーズ、また、「ミラクル」の最新の後継モデルである「ガイア・ネクスト」シリーズなど、新しい治療用ガイドワイヤーを次々と打ち出しました。こうして難しい病変から一般用に至るまで、幅広い製品ラインナップを揃え、ガイドワイヤーのシェアを順調に伸ばしていきました。

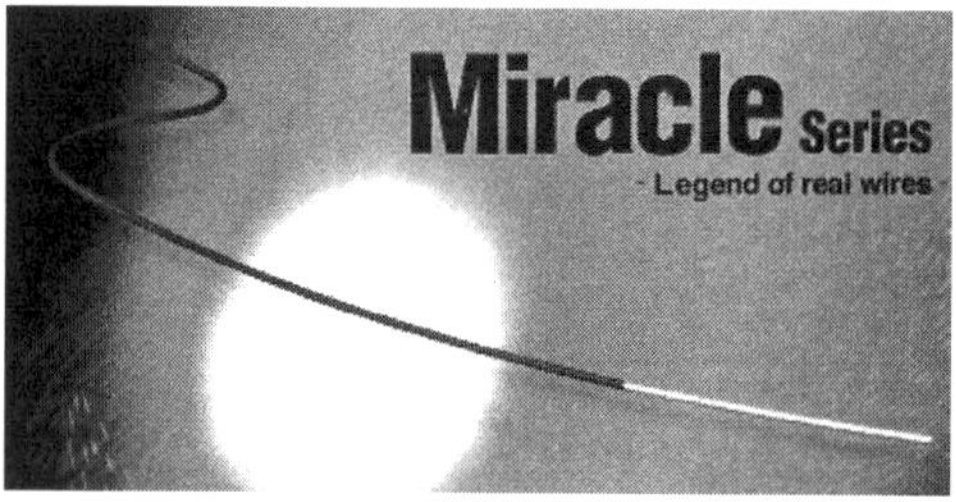

CTO 用に開発された「ミラクル」

加藤先生の海外赴任で世界に知られる

当社の医療機器が海外にわたるきっかけとなったのが、加藤先生のドイツ赴任でした。加藤先生は平成7（1995）年にフランクフルトハートセンターに赴任されたのですが、その1年ほど前から「朝日インテックのガイドワイヤーが一番私の手に合っている」と言っていただき、加藤先生にだけガイドワイヤーをお届けする約束をしていました。

ただ、当時の当社には力がなく、ヨーロッパの許認可をどうするかもわからない状態。当時入社したばかりの私の長男・宮田昌彦（現代表取締役社長）と開発担当の湯川君がドイツに調査に出向き、直接、現地の加藤先生から的確なアドバイスをいただくなどして、現地で当社のガイドワイヤーを使用できるようになりました。

その頃、イタリアにはアントニオ・コロンボ先生という世界的に著名な医師がいました。このコロンボ先生と加藤先生がコラボレーションすることになったのです。その際、加藤先生から「コロンボ先生にも朝日インテックのガイドワイヤーが使えるようにしてほしい」との依頼がありました。ヨーロッパに代理店もなく、世界的に知名度が低い当社の製品が、世界のビッグネームに使ってもらえる機会は滅多にありません。このお話を喜んで受けることにしました。

コロンボ先生は、お渡ししたガイドワイヤーをすぐに使用され、一本の論文を発表されました。そこには「朝日インテックのガイドワイヤーを20本使用した。するとCTOなどの難しい症例の手技の成功率が60％から80％にまで上がった」と書かれていました。

当時の当社の治療用ガイドワイヤーの国内シェアはまだ15％足らず。大学病院等で採用されていないことがシェアの低さの原因でした。また、当時は簡単な症例はＰＴＣＡ治療、そうでない複雑な症例は外科手術と住み分けがされている時代でもありました。

しかし、コロンボ先生の論文が発表されると、状況は大きく変化。当社の治療用ガイドワイヤーが日本の大学病院で使われるようになったほか、ヨーロッパでは複雑な症例でのＰＴＣＡ治療に対する関心が高まっていったのです。「一流の医師の論文でこうも変わるのか」と大きな驚きを感じました。

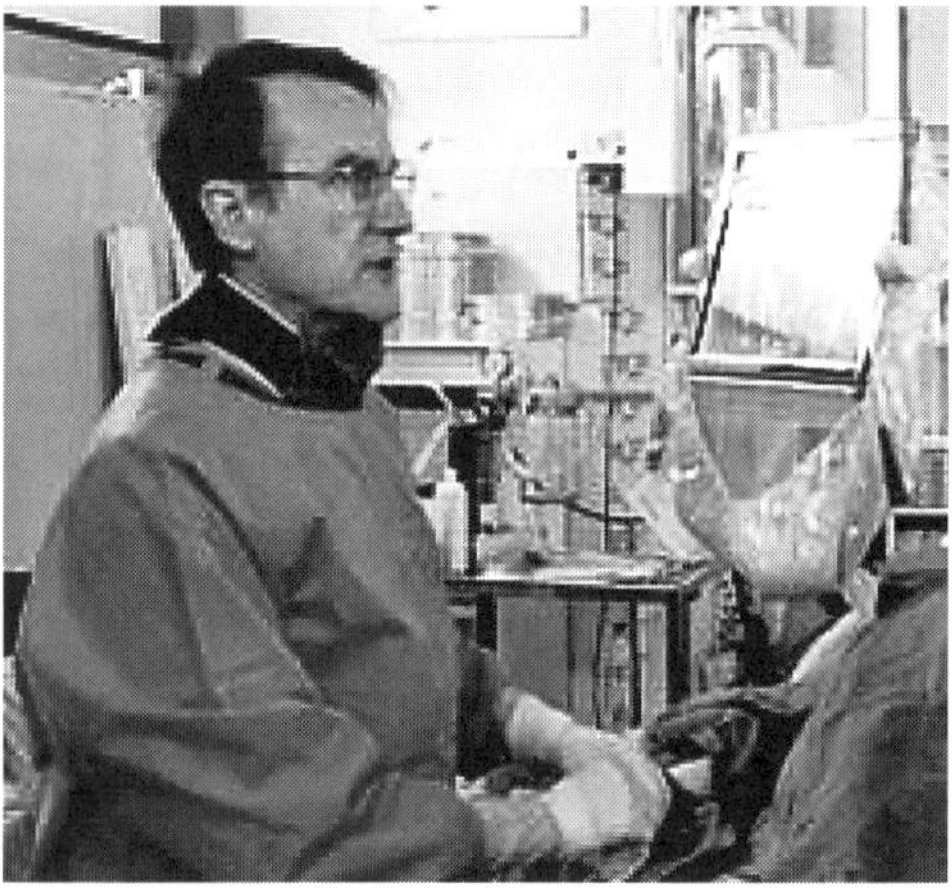

アントニオ・コロンボ先生

医療先進国アメリカの権威からの要望を断る

ヨーロッパで当社の治療用ガイドワイヤーが認められはじめて間もなく、アントニオ・コロンボ先生の指名によって加藤先生が「ミラノ―ニューヨークライブ学会」でPTCA治療をすることになりました。これはミラノとニューヨークをTV回線で結び、加藤先生の手技を中継し、その様子を見ながら医師の方々が意見交換をするというもの。ミラノ側の参加者はコロンボ先生、アメリカ側は、この分野の権威であるマーチン・レオン先生ほか数名でした。加藤先生にご提供するだけならともかく、このイベントの後に当社のガイドワイヤーの使用が拡大することもありえます。湯川君らが現地に調査に赴きました。

加藤先生のPTCA治療は無事に終了。湯川君らの調査でコロンボ先生にも供給できる見通しがついた頃、帰国した湯川君に加藤先生から「アメリカのレオン先生が朝日インテックの製品を使いたい、と言っている」という国際電話がかかってきました。

加藤先生は当社の実力をわかっているので、一度は「今は無理です」と断ってくれました。しかし、レオン先生は諦めず、何度も加藤先生に連絡をしてくるので、「君たちの方から直接断ってくれ」と言うのです。そこで当社の名前入りでお断りのファックスを入れました。すると今度はレオン先生から瀬戸工場に直接ご要望のファックスが届いたのです。

この時、私は「アメリカにはまだ出すな」と指示していました。知的財産権の対応やアメリカ・FDA（食品医薬品局）の査察対応といった課題もありました。ガイドワイヤー自体も発展途上で、改良の余地があり、医療先進国のアメリカに出すには、もっと完成度を上げなければ、と思ったのです。日本国内の基準とグローバルの基準は当然異なるし、何かあった場合の訴訟のリスクもある。それに耐えられるだけの力を蓄えてから、アメリカをはじめとする先進国に出そうと考えていました。

これが結果的に日本の医師の地位を向上させました。日本の医師は世界中の学会で新しいPTCA治療として自分の手技を発表します。アメリカの医師はその時に当社のガイドワイヤーを目にします。しかし「当社に力がないから」という理由でアメリカの医師は当社製品を入手できず、新しい治療法にも挑戦できない。当社がアメリカに製品を出したのは、私たちがレオン先生からのご要望をお断りしたときから7年が経っていました。

米国アボット社の展示ブース。本格的な世界進出のスタートラインに立つ

7年後、満を持してアメリカで販売

私は何事にも「すぐやってみよう」と決断するのですが、アメリカ進出には慎重でした。結果的に7年という月日をかけたことが功を奏しました。私としては当社の社内体制やリスクを考えた上での判断でしたが、アメリカの市場が「待ちに待った」状態の時に、治療用ガイドワイヤーを販売することになったのです。

アメリカ・FDAの510k（市販前届出）の認可を取り、いざ製品を発売する際に、「アメリカの医師の方々は日本のCTOの治療方法についてのレクチャーを素直に聞くだろうか」という不安がありました。

これは加藤先生も同じだったようですが、現地の著名な医師の方々は加藤先生に「私は日本の製品を使った手技の仕方を、あなたから教えてもらいたい」

と言ってきたそうです。また、アメリカでのガイドワイヤー販売に尽力した湯川君によれば、マーチン・レオン先生主催のアメリカで最も人を集める学会の初日の朝、スピーチに立ったレオン先生は開口一番、「私はこのガイドワイヤーを7年間待っていた」と話したとのことです。

本来なら時間をかけて、現地の販売代理店を通じて、医師に当社製品の良さをアピールしなければならないところですが、この当時、アメリカではそういった営業活動が強く求められる状況にはなりませんでした。なぜなら医師が当社製品を使った手技を学会で発表し、それを聞いた多くの医師がその治療法をやってみる。使ってみてよかったから、また使うという風に、どんどん広がっていったからです。

また、CTOのような複雑な症例は外科手術が一般的とされていたアメリカでも、「可能であればPTCA治療で済ませたい」「よい医療機器があればそれを使って治したい」という思いが医師や患者様にあったと思います。平成24（2012）年には名古屋で開催された学会でETOSS（イートス、Educational Total Occlusion Simulation System）という当社独自の血管モデルが発表され、今では、国内外の医師の方々にこの血管モデルを用いたレクチャーを行っています。

CTO治療において、日本の医師が確立してきた治療方法を取り入れてきたアメリカですが、ここに来て、アメリカなりの治療方法も模索しています。当社も現地の医師のニーズを聞きながら現地に合った開発をしていかなければならないと考えています。

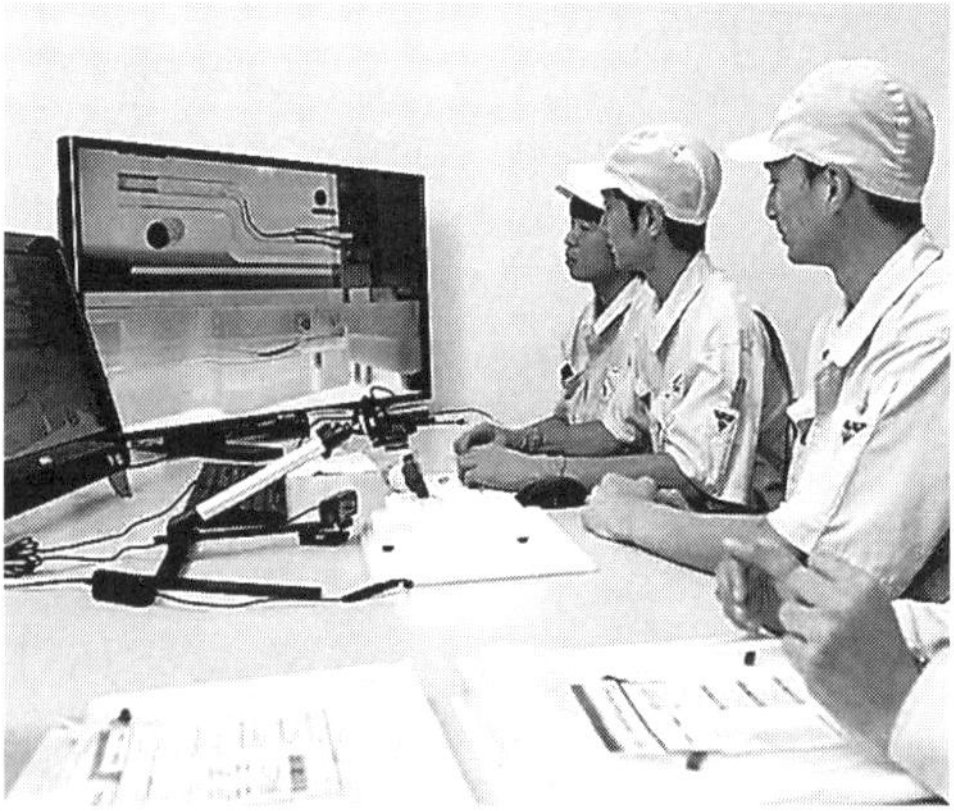

ETOSS。PTCA 治療を疑似体験できる当社独自のシミュレーターシステム

第六章　株式上場、そして世界が認める企業へ

起業から30年余り、念願の株式上場

アメリカ進出後、当社は平成16（2004）年、ジャスダックに上場しました。上場初日は公募価格1600円に対し、初値5000円、出来高350万株と市場から高い評価を受けました。

これは当社の高い技術力に加え、当社の手掛けるガイドワイヤーやカテーテルなどの医療機器が、人体にできる限り負担をかけない「低侵襲治療製品」であり、この分野の需要が今後拡大すると予測されたことなどが大きな理由です。

この株式上場により、同級生の前田善雄君が当社に入社する際に、彼のご両親と交わした「将来は株式公開企業にします」という約束を果たすことができました。

私がこれまでの事業運営において技術を重視し、社員も技術者を中心に採用していたため、この上場準備に際しては事務担当の専門社員の採用を進めました。そしてジャスダック上場の1年後には、東証・名証2部への上場を実現しました。

2部への上場直後、証券会社や周囲から1部上場を勧められました。2部に上場したら、間を置かずに1部に上場するのが一般的だったからです。しかし、私はすぐに1部を目指す気持ちにはなれませんでした。

1部上場企業になると、これまで以上にステークホルダーに対する責任が問われます。特に私が気になったのは、投資家への責任です。短期利益を目的とした投資家からは、短い間に高い事業効果を上げることが求められます。

しかし、モノづくりの技術開発は一朝一夕にできるものではありません。長い時間をかけて、試行錯誤をしながら研究を続けることが、新技術や新製品の開発につながるのです。

1部に上場して、短期間での利益を期待する投資家が増え、事業成果に過度な期待をかけられたら、当社の武器であったはずの高い技術力が育たなくなってしまい、モノづくり企業としての持続的な研究開発と安定した事業発展ができなくなってしまう恐れがあると考えていたのです。

結局、1部上場を果たしたのは、2部上場から13年を経た平成30（2018）年の9月。株主の皆様が当社の姿勢を理解してくださると確信をしたことで、1部上場に踏み切りました。

13年も経つと上場審査基準も大きく変わっていたはずですが、事務的に大きな問題が起きなかったのは、2部上場に携わった社員と新たに加わった社員たちが、いつでも1部上場に対応できるように準備してくれたおかげだと思います。

平成16（2004）年7月1日、ジャスダックに上場した

マイスター制度と技術フェロー制度

朝日インテックは技術を提供する企業です。創業した当時から、技術者集団であることを目指していたのですから、その通りに歩んできた、と私は自負しています。

自分たちの技術力をたえず向上させ、維持していくためには、何でも自社で開発し量産する、という「内製化」が不可欠だと考えています。もし、今の段階で「内製化」ができないのであれば、一旦は外注するけれど、いつかは自社で行う。そういう方針で事業を運営してきました。

もうひとつの方針は、売上・利益至上主義の否定です。たとえば、売上を上げ、利益を確保することを最優先課題とするなら、量産工場に自動機を入れて自社製品を完全自動化して大量に生産すればいいのです。

しかし、私が選んだのは「人間のスキル」も重視する方法です。機械的な大量生産だけでは細かな対応ができません。確かに効率化のために、半自動機や小さな治具（工具を加工物の正しい位置に導く道具）を製作することはありますが、最終的には人間の技術力で勝負する。だからこそ、お客様のさまざまな要望に応えることができるのだと思います。

この「人間のスキル」、つまり「技術力を大事にする」姿勢から生まれた制度が、平成17（２００５）年から始めたマイスター制度と、平成23（２０１１）年に開始した技術フェロー制度です。

マイスター制度とは、その名の通り卓越した技術・技能を持つ社員をマイスターに認定するというもの。会社の規模が大きくなってくると、そうした技術・技能を持った人が１人や２人いるだけでは不十分です。だから、マイスターに認定された社員は、自分の持つ技術・技能を次の世代に教育し、伝承します。

こうして当社は大切な会社の技術力を世代を超えて維持・向上させてきました。

一方、技術フェローは、私よりも「技術屋」として優れている社員を認定するもの。最初のフェローは、以前に紹介した、多条コイルを開発した松尾君でした。現在では2名が技術フェローを務めています。

彼らは幅広く深い技術の知識・経験を持ち、生産や開発の現場で何か問題が起きた時には、現場の社員を技術的に先導しながら、その解決に力を注ぎます。そして、解決の過程で習得した知識や技術を、後の世代に伝えていく役割も担っています。また、これまでにない技術や工法や工程を確立するプロジェクトでも優れた先導者となっています。

フェローと若手社員によるミーティング風景

第二の海外生産拠点、ベトナム新工場の設立

当社は、タイに海外初の生産工場を設立しましたが、さらなる生産能力の強化、コストダウンの追求、カントリーリスクの分散という点から、次なる海外生産拠点を立ちあげる必要性が出てきました。タイの工場が量産の「長男」であるなら、「次男」をつくろうとしたわけです。

社内の人たちは、「次の拠点はやはり中国だろう」と言っていましたが、経済発展に伴い人件費が高騰しはじめていたことなどから、私は「これはちょっと違うな」と感じていました。

中国に進出した日本企業の中で失敗している会社があったこと、撤収する際にもさまざまな問題が起きて苦労していることなどがすでに耳に入っており、これらの情報によって中国進出には積極的になれませんでした。

新たな進出先を検討する中で浮上してきたのが、ベトナムです。ベトナムは日本企業が進出することが比較的容易で、万が一、事業に失敗しても比較的撤退しやすいという情報が寄せられ、「次男」にあたる工場はベトナムにつくろうと決めました。

南部のホーチミンか、北部のハノイかで迷ったのですが、観光が盛んな南部に工場をつくることに違和感を覚えたため、北部のハノイに設立することにしました。

平成17（２００５）年９月、ASAHI INTECC HANOI CO.,LTD. を設立、翌年には工場が竣工し、約１００人の人員で操業を開始しました。

タイに進出した時にも感じたのですが、現地でエンジニアとして採用した人財は、モチベーションが高い。医療機器に関する彼らの知識が豊富になれば、医療機器を生産できるようになるポテンシャルは十分あると感じました。現在、このハノイ工場は、ヨーロッパの審査機関の監査やアメリカ・FDAの査察をパスし、日本だけでなくヨーロッパ・アメリカにも直接医療機器を輸出するようになっています。

この時、ベトナムに生産拠点を設立したことが、後の当社にとって大きな意味を持ってくるのですが、設立した時は、そんなことは夢にも思っていませんでした。

2006年に竣工し操業を開始したハノイ工場

大阪は開発拠点に、大阪Ｒ＆Ｄセンター竣工

平成17（２００５）年2月、持続的な成長と高収益体質の確立を目指し、長期経営構想「ＡＳＡＨＩ　ＩＮＴＥＣＣ　ＳＵＣＣＥＳＳ　３００」を策定しました。先にお話したマイスター制度による技術・技能の伝承やハノイ工場の設立なども、この経営計画の一環なのです。

この計画の中で特筆すべき取り組みの一つが、大阪Ｒ＆Ｄセンターの建設・稼働です。大阪にはミニロープを製造する和泉工場と伸線工程を行う高石工場の2つがありましたが、いずれも老朽化していました。海外での生産も軌道に乗ったことから、この2つを統合し、開発拠点に生まれ変わらせようとしたのです。

明くる年の6月、大阪府和泉市に「大阪Ｒ＆Ｄセンター」が竣工、7月から

稼働を開始しました。この拠点の具体的な使命は、①オンリーワン技術（四つのコア技術）のさらなる深化、②医療機器・産業機器の各分野の製品の性能・品質向上のための部材・加工技術の開発、③次世代先端医療デバイスの開発、の3点。

ちなみに当社のオンリーワン技術（四つのコア技術）とは、前述の伸線工程のほかに、ワイヤーフォーミング技術（複数の伸線を撚り合わせる技術）、トルク技術（スムーズでブレがない操作性を実現するための加工技術）、コーティング技術（ワイヤーに樹脂やフッ素、ナイロンなどをコーティングする技術）を指します。

大阪R＆Dセンターには、大阪の和泉工場・高石工場、愛知県の瀬戸工場から、研究開発担当者や熟練技能者など計100人が結集しました。

当社の中で、企業としての競争力である技術の根幹になるところを担っているのは、実は、大阪Ｒ＆Ｄセンターで産業機器を担当しているエンジニアではないか、と私は思っています。

　彼らは基礎技術の深堀りをしており、その蓄積が産業機器はもちろん、医療機器にも生かされると考えています。当社がどれだけ技術の引き出しを持っているのか、次に課題が起きた時にどう対処するのか。そういう点に私たちは自信を持っているし、その自信を支えているのが、この大阪Ｒ＆Ｄセンターだと思うのです。

基礎研究と最先端医療部材の開発拠点、大阪Ｒ＆Ｄセンター

ジーマを子会社化、医療用チューブの内製化が可能に

樹脂加工業のジーマ株式会社（静岡県袋井市）は、私が発起人を務め、個人的にも投資をしていたベンチャー企業です。設立は平成４（１９９２）年12月。主にマイクロカテーテルや留置針（長時間にわたり使用される点滴等の針）などの各種医療用チューブの製造を行っていました。

医療用チューブの製造には樹脂の押出加工という技術が必要で、これは当社にはないものでした。ジーマの事業に対する評価は高く、平成14（２００２）年には、新規事業挑戦者として内閣総理大臣賞を受賞したほどです。私はこの会社で働くエンジニアの技術や仕事に取り組む姿勢を高く評価していました。

ベンチャー企業は成果を出すまで時間がかかり、困難な状態に陥りやすい傾向にあります。ジーマの場合も売り上げが伸び悩む中、クリーンルームをつく

るなど、過剰な設備投資が響き、利益が出ない状態になっていました。

私から経営者に「医療用だけでなく、産業用分野も手掛けたらどうか」とアドバイスしましたが、彼らはあくまでも医療部材のメーカーであることにこだわっていました。

時間が経つにつれ、経営状況は悪化し、倒産間近な状態になってしまいました。私は発起人の一人として倒産はさせたくないと思っていましたし、倒産するとせっかく持っていた良い技術が失われてしまう上に、社員が離散してしまいます。そこで、平成21（２００９）年の12月28日に同社の買収を心に決め、年明けの取締役会での決議をもって子会社化に踏み切りました。

そして社名を「朝日インテックジーマ」に変更しました。買収にあたって私が決めていたのは、子会社化してもリストラはしないこと。従業員のみなさんには、そのまま同じ部署で働いてもらいました。

平成25（2013）年10月、朝日インテックが同社を吸収合併してジーマ事業部となり、さらに令和2（2020）年7月には静岡R＆Dセンターに組織変更し、今では当社の中でも重要な研究開発拠点となっています。

もちろん私は、最初から将来の吸収合併を考えて投資をしていたわけではありません。当初は若い経営者を応援するつもりで投資をしていたのですが、結果的にこの吸収合併によって当社の「樹脂押出技術」の底上げができるようになり、樹脂の薄膜化技術によってパズルの一片を埋めるという形になったのでした。

そして、この吸収合併は後に当社のさまざまなカテーテル等の製品開発に、大きく寄与することになるのです。

ジーマがグループの一員となる。その後朝日インテックジーマに社名を変更した

タイ大洪水で発揮されたグループの結束力

平成23（2011）年8月、タイで大洪水が発生、日本企業が入居する複数の工業団地も大きな被害を受けました。当社も例外ではありませんでした。

タイでの生産が軌道に乗り、かなりの品種・数量を量産していただけに、工場が突然停止してしまい、当社は重大な危機を迎えました。タイの工場は当社にとって海外生産拠点の「長男」にあたります。この重大な危機から当社を救ったのは、二番目の海外生産拠点の「次男」にあたるベトナムのハノイ工場でした。

「タイが洪水で、被害が出るかもしれない」との報道を受け、タイ工場を立ち上げた中川君が現地に急行しました。当社ではタイ工場の生産機械と現地従業員をベトナムや日本に送ることを決定。中川君たちは工場の壁に穴をあけて、生産機械をボートで運び出し、日本やベトナムに送り出したのです。

早めの行動が幸いし、浸水量が少ないうちに作業をすることができました。

その後、工場一帯にも大量の水が押し寄せたため、もし2、3日現地への到着が遅れていたら、なす術《すべ》がなかったそうです。

その一方で、ベトナムで300人、日本で200人のタイ人従業員を受け入れました。ベトナムに着いたタイ人従業員は、ハノイ工場でベトナム人従業員と一緒に懸命に働いてくれました。今までタイで生産していた製品の出荷を止めるわけにはいきませんから、タイ人従業員は必死になってベトナム人従業員に仕事を教えます。

いきなり製造品種と数量が増え、ベトナム人従業員は戸惑ったと思いますが、彼らも一生懸命タイ人従業員からノウハウや知識を学んでくれました。

もし、これが平常時だったらどうでしょうか。タイとハノイは生産工場としてライバル関係にありますから、タイ人従業員は本気になって自分たちの技術を教えないかも知れません。この大洪水という非常時を契機に技術の伝承が国境を越えて行われたのです。

日本人社員をはじめ、タイ人・ベトナム人従業員の活躍のおかげで、当社は大きな欠品を起こすことなく、この大洪水という危機を乗り越えることができました。大洪水の後始末は大変でしたが、当社グループの従業員のすばらしさを再確認できたと感じています。

また、これ以後、タイからベトナムに既存品の量産を移管する、といった事業展開も円滑に実現できるようになりました。

1 階部分が完全に水没したメディカル工場

トヨフレックスの買収でセブ工場も生産拠点に

平成25（2013）年、当社は自動車・建築機器分野で強みを持つトヨフレックス株式会社（東京都府中市）を買収しました。同社は産業機器分野のユニット部品（複数の細かい部品を組み合わせた部品）の設計・生産を行っており、買収時点で東京の本社に加え、十和田市（青森県）と長野市（長野県）に事業所、フィリピン・セブと中国に工場を持っていました。

同社の経営者は、当社をオリンパスに引き合わせた人で、私は以前から会社売却の相談を受けていました。タイの大洪水で当社の産業機器分野のロープ製品の供給が一時的に極めて困難になった際、お客様の了解のもと、同社のセブ工場で生産した製品を供給させていただいたこともありました。

この大洪水の経験から、私は大規模災害時の対応を強く意識するようになりました。医療機器分野はハノイでの代替生産が可能ですが、産業機器分野では代替地がない状態に危機感を覚え、同社の買収を考えるようになったのです。

さらに、①当社にない射出成型技術や小型金型プレス技術があり、当社の技術とのシナジー効果が期待できる、②外部から購入していた射出成型の樹脂製品を自社生産でき、その技術も自社内に蓄積できる、③セブ工場を訪れた時に、その生産能力の高さと従業員のみなさんの穏やかな雰囲気がいいと感じていた――。などの理由から買収に踏み切りました。

買収後に中国工場からは撤退。しかし、主力のセブ工場が当社に加わったことは、当社グループの事業継続計画（ＢＣＰ）の観点からも大きな意味があったと思っています。

また、青森事業所の一部機能を十和田市から八戸市の工業団地に移転、それに前後して、大手電機メーカーの元技術者で、金型技術に豊富な知見を持つ岩手大学の元特任教授を招聘《しょうへい》しました。岩手大学は金型技術に強みを持っており、この専門家を介して金型技術の研究に力を入れている同大学の他の先生方も講師として当社を指導してくださり、金型の技術力が格段に向上。その結果、従来の工業製品だけでなく医療機器も取り扱い製品に加えることができました。

青森県には医療機器の生産を行う企業が少なく、この拠点は地元からも歓迎されています。最近では青森の八戸高専から学年単位で工場見学に来てくださるほか、地元の工業高校も含めて当社を志望する学生が増加。この地域の雇用確保にも貢献していると感じています。

セブ工場（TOYOFLEX CEBU CORPORATION）

成長のためにグローバル志向は弛まず

当社は、タイやベトナム・ハノイへの進出、トヨフレックスのグループ化に伴うフィリピン・セブの生産拠点確保と、海外での生産体制を強化・拡充してきました。現在では生産のすべてを海外拠点で行うまでになっています。

ビジネスのグローバル化が進み、今よりもローコストの製品を売っていかなければならなくなったとしても、十分に対応は可能だと思っています。なぜなら海外生産拠点がある国・地域の人件費は日本よりも安いことや、すべての生産拠点で一部の工程の自動化を含めた生産性倍増活動を積極的に進めていることなどにより、今後の人件費の上昇分を吸収することができるからです。

さらに言えば、この製造コスト低減で浮いたお金を、設備投資や研究開発に振り替えることもできます。当社では日本を中心に研究開発を行ってきましたが、すべての開発案件を日本でやり切れるわけではありません。これだけグループが広がった今では、海外での研究開発、技術開発にも力を入れています。すでにタイでは製品の開発も行っており、現地エンジニアが貢献しています。ハノイやセブでは生産技術の改善など、生産性向上のための取り組みも行っています。今後も、より付加価値の高い仕事を海外拠点に移管することができると考えています。

海外拠点の仕事の質が上がり、従業員の給与が上がることは、その国・地域の企業文化が成長したことになり、よいことだと思います。そのためには、これらの生産拠点に、成長につながるような「よい仕事」を任せることが欠かせません。タイやハノイ、セブに力がついたら、どんどんレベルの高い仕事を日本から彼らに渡していきたいと思っています。

私たちがやらなければならないのは、日本と海外生産拠点との間で人事・技術交流を行い、地域差を埋めることです。海外生産拠点はお互いに競い合い、タイはすでに合格点を与えられる技術力を保有しており、ハノイはタイに「追いつけ、追い越せ」という勢いで業務に取り組んでいます。セブも産業機器分野ではよい技術を持っているので、今後は医療機器分野でのモノづくりも目指しています。

セブの次の生産拠点がどこになるかは、今のところわかりません。しかし、グローバルな規模で生産を行っていくという方向性は、今後も変わらないでしょう。

ハノイ工場でのミーティングの様子

第七章　経営のこだわり

売上の10%を研究開発費に

これまで私と朝日インテックの生い立ちについて語ってきました。これからは、私の経営におけるこだわりについて、お話しします。当社の企業理念は以下の通りです。

我々は、医療及び産業機器の分野において、安全と信頼を基盤とする「Only One」技術や「Number One」製品を世界に発信し続けることにより、全てのお客様の「夢」を実現するとともに、広く社会に貢献することを目指します。

1・「技術の開発」はわが社の生命《いのち》であり新しい技術、商品の開発に挑戦する

2・「顧客第一」をわが社の心として最高の商品、サービスを提供する

3・「業績の追求」こそわが社の魂であり企業の繁栄と個人の幸福を追求する

朝日インテックを創業した時、私は技術屋の集団をつくろうと思いました。その気持ちは今も変わりません。「技術志向の会社」であるために欠かせないのが研究開発です。

医師から無謀とも思われる技術レベルの高い要求がきても、私はチャレンジし続けます。絶対に「できない」とは言いません。挑戦し続けた結果、「他社の特許がどうしても回避できない」場合等、一時的には中断するものの、「長い時間がかかっても、別の方法で必ずその問題をクリアする」という熱意を持ってトライし続けます。

一貫生産、内製化にこだわる当社では、開発すべき製品や工法は、まだまだたくさんあります。医師からの新製品開発や既存製品の改良等のご要望にも応えなければなりません。そのための技術開発には、新しい試験機や測定器、製造装置が必要です。また、研究開発では何度も試行錯誤を行うことになります。期限を区切って開発することもあれば、期限を設けないこともあります。ムダに思えることでも積み重ねていく。それが研究開発であり、当社の強みである技術の引き出しを増やすことにつながると考えています。

では、いくらでもお金を研究開発に使ってよいかといえば、そうではありません。数字的には売上高の20%は営業利益として確保し、売上高の10〜12%は研究開発費にあてるという姿勢で経営をしてきました。当社が、業界を先行するいくつもの巨大企業の背中を視野に入れるためには、もっと研究開発費を増やしていく必要があると私は思っています。先行企業と同じ比率の研究開発費では、いつまでも追いつくことができないからです。それが私の経営のこだわりの一つです。

金型・射出成型等の精密加工技術の開発の中心拠点として開設した東北 R&D センター（研究開発センター）

モノづくりはアウトソーシングしない

私の経営のこだわりのもう一つが、「モノづくりではアウトソーシングをしない」というものです。これもやはり「技術志向の会社をつくる」という創業時の思いに沿ったものです。

自社では製造できない部品を外注すれば、それをいち早く手にすることができます。

しかし、その代償として起きるのは「技術力と競争力の低下、利益の流出」です。私がかつて在籍していたシャープは、薄型テレビを開発した際に、液晶パネルを台湾の鴻海に外注していました。その結果、どうなったかといえば、技術が海外に流出してしまい、シャープの技術力、競争力が落ちて業績不振に陥り、立場が逆転し外注先だった鴻海の支援を受けることになってしまいました。ODM（顧客ブランド製品の設計・生産）／OEM（顧客ブランド製品の生産）の分野で中国が日本の製造業に大きく差をつけているのも、かつて日本企業が中国の工場にそれらを発注していたからに他ありません。

だから当社は製造で外注化をしない、そして今は自社で作ることができなくて、外部に発注しているものでも、いずれは自社で内製化する、ということを愚直にやっています。これは、技術の蓄積につながるからです。

外注していたものを内製化ができるようになるまでは時間も手間もかかりますが、自分たちで作れるようになると、時間も短縮でき、利益率も高くなります。近年では、「アウトソーシングしない」「内製化をする」という姿勢が、今まで以上に根付いてきていると感じています。

もっとも現在の当社では、日本国内で製造は行っていません。日本で培った生産技術を活用し、100％子会社の海外生産拠点で製造しています。タイ・

バンコクやベトナム・ハノイ、フィリピン・セブに生産拠点がありますが、現地の若年労働者層にとっては、日系企業は憧れの外資系の一つのため、優秀な人財が集まってきます。今後は海外の生産拠点でも、日本国内と同様に研究開発やより高度な生産技術を担うことができるように、彼らを育てていくことが当社の使命だと考えています。

平成30年(2018)年に竣工したグローバル本社・
R&Dセンター（研究開発センター）

他がやらない難しい課題に挑戦

私がこだわってきたことには、「他《ほか》がやらない難しい課題、それも一番難しいことにチャレンジする」ということもあります。

創業前に電電公社（現在のＮＴＴ）中央研究所から依頼されたテレタイプ用ステンレスロープの開発は、「外国の力を一切借りずに純国産で」という大きな課題に挑戦したものでした。そして創業後も他社が行っていない領域、あえて踏み込まないであろう技術的難易度の高い領域の課題解決に、果敢に挑戦してきました。

通常の企業であれば、社内の技術レベルを少しずつ上げながら、それに見合う領域に対応するなど、段階的に挑戦していくところです。しかし、私は最初から最も難易度の高い、高度な技術領域に対して、技術的な自信と確信、情熱をもって真正面から対峙《たいじ》し、高い壁を突破してきました。その積み重ねがCTO専用ガイドワイヤーの製品化や、治療用ガイドワイヤーの世界トップシェアの確立につながったと思います。

また、当社から世に出た製品の性能、およびそれを支える技術を理解してくださった国内海外の医師から、「他社で対応できないと言われたが、何とかならないか」というご要望をいただくようになりました。これらに応え続けたことが、当社ブランド製品のラインナップ拡充につながっています。

こうした状況は、営業面での当社の強みにもなっています。日本やアメリカ、ヨーロッパで行われる世界的に著名な循環器の学会では、実際にいくつものPTCA治療の手技をライブ中継し、著名な医師の方々の手技を世界中の医師が学ぶ機会があります。その大半の治療において当社製品が使われ、それが市場シェア向上に直結しました。一方、各種展示会では、当社展示ブースに世界中の医師が集まり、直接医師から引き合いをいただいています。これらは当社の製品に優位性があるからこそのメリットだと考えています。

また、当社の大阪や静岡の研究開発拠点が、独創的な技術力で産み出した部材が、医療機器から産業機器までの幅広い分野の難しい技術課題を解決するケースも増え、当社のブランド製品事業だけでなく、ODM／OEM事業の拡大にも寄与しています。

この「他がやらない最も難しい課題に挑戦する」というこだわりは、朝日インテックを「技術力で勝負する会社」にするために大きく寄与していると考えています。

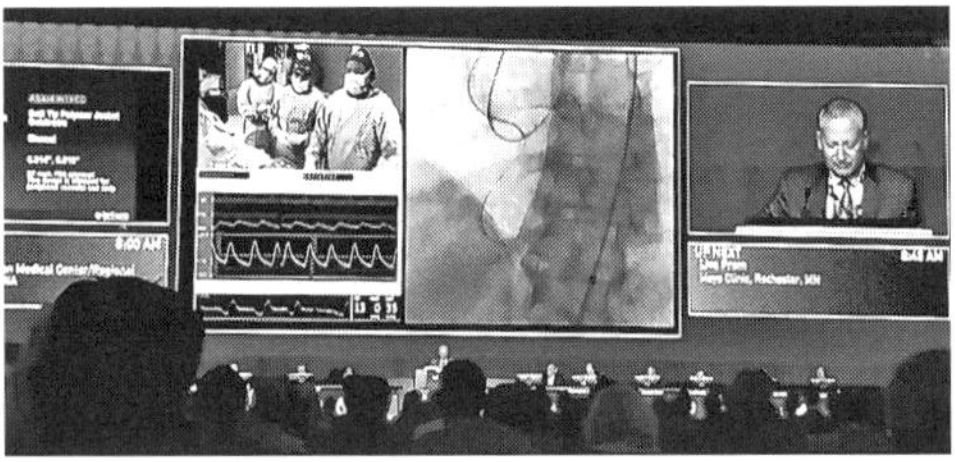

各国の学会でのライブ手技で当社製品が使用されている

技術循環と体系的技術伝承

朝日インテックは、他社にはない技術力で勝負してきた会社です。私は、自社にある技術をいかに使うか、培った技術をいかに伝承するかにも力を注いでいます。

日本国内では研究開発・試作に特化し、生産（量産）はすべて海外工場で行う体制をつくってきました。現在の研究開発拠点には、グローバル本社・R&Dセンター（製品開発）、大阪R&Dセンター（素材開発）、静岡R&Dセンター（樹脂開発）、東北R&Dセンター（精密加工技術開発）があります。また、タイに一つ、アメリカには二つ、それぞれ開発拠点を置いています。なお、東北R&Dセンターは、前にご紹介したように、金型に関する産学連携の拠点としても活動を行っています。

当社の開発はプロジェクト制を中心に行っています。ただし、プロジェクトのことだけをやっていればいい、というわけではありません。他の人がどんな研究開発をしているのかを知り、他の研究をする先輩や同僚から「こんなことをやった方がいい」というアドバイスをもらうことも、技術開発には必要だと思っています。効率だけを追うと、その弊害が出てくるように感じています。

私たちが医療機器分野に進出した際、産業機器分野の技術を応用してモノづくりを行いました。また、ＡＣＴ　ＯＮＥ（アクトワン）と呼ばれる医療部材は、もともと展示会で飾った旗を動かすためのもので、産業機器分野の需要を想定した部材でしたが、医療機器分野にも応用できることがわかって、改良された製品です。

このような考え方を踏襲しているのがＡＩ（ＡＳＡＨＩ　ＩＮＴＥＣＣ）技術アカデミーです。この技術アカデミーは、当社のコアテクノロジーを若い世代に伝承することと、新たな技術の誕生を目的にしたものです。技術開発には、幅と深みが必要です。技術者には余裕や遊び心がなければ、ひらめきは生まれません。ベテランの技術者が研究をしている様子を見せることも、若手の教育につながると考えています。

また、当社には血管系用と消化器用のカテーテル室を再現したシミュレーションルームがあります。医師の方々に来ていただき、当社独自の血管モデルや心臓モデルなどを用いて当社製品や試作品を使った手技を実演、改良点や感想、ご意見、ご要望を伺う取り組みも行っています。こうした場も、技術者のレベルアップにつながっていると感じています。

本社にあるカテーテル室を再現したシミュレーションルーム

技術蓄積の大切さと先行投資の重要性

アメリカには医療機器の分野でメジャーと呼ばれる代表的な会社に加え、ベンチャー企業が数多くありますが、私は「大手企業では技術者が自社にとどまることが少なく、技術の蓄積がないことが多い」と感じています。特に大手企業では一つの製品を作るのに、ほとんどの部品を仕様だけ決めて外部に発注するので、技術のつながりがない。売上至上主義の弊害を見た気がしました。

また、アメリカの企業の多くは、自動機で製品を大量生産しています。本来は患者様の体型や病状に応じて作るべきですが、実際には「製品に患者様を合わせる」モノづくりになっていると私は思います。

それに対し、私たちは人の手によるモノづくりを行います。タイ・バンコクやベトナム・ハノイの工場でもこの方式を取っています。だから一つの生産拠点で、多彩なタイプの製品を作ることができるのです。

当社はアメリカの大手企業などのOEMも行っています。ただし、彼らが当社以外に依頼した製品と、当社製品ではその技術レベルが格段に違います。なぜなら、当社は自社一貫体制による自社ブランド品の開発・生産によって蓄積した高い技術で作った製品を供給しているからです。

最近では、その技術力が評価され、ODMも多く手掛けています。顧客の中には、当社の技術を活用した製品につける「ASAHI TECHNOLOGY」マークを、自社ブランド製品に表示することを希望するケースもあります。顧客からは「このロゴマークが医師からの高い評価や安心感につながる」との声をいただいています。

利益を出し、企業価値を上げることは大きな意味がありますが、実力以上の株価になると、短期投資家の標的になる可能性も否定できません。いつ成果が出るのかがわからない研究開発や先行投資を嫌う短期投資家は、それらをやめるように圧力をかけるかもしれません。

短期的な利益に執着し、研究開発や先行投資をおろそかにすると、将来必ずボディーブローのように効いてきます。また、需要の拡大が見込まれる中で、設備投資をしないと、工場も営業も余裕がない状態に陥ります。製造業で新規分野への進出や新技術の開発を行う際には、人員や場所にゆとりが必要です。

技術開発や生産を順調に行うために、そして将来の成長のために、設備投資や研究開発等の経費をいかに機動的に使うか。私はそれを比較的うまくやってきたと自負しています。

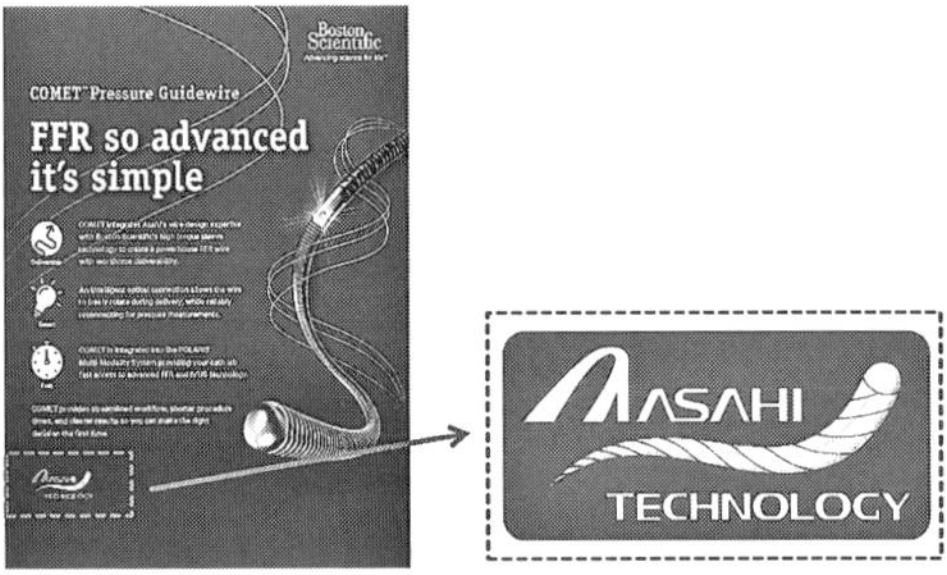

平成24年（2014年）、ボストン・サイエンティフィック社と業務提携し共同開発を開始

従業員の幸福を実現するために

私の経営のこだわりで、最後にあげるのが「従業員の幸福の実現」です。何に幸福を感じるかは、人によってさまざまです。ある人は賃金であり、またある人は仕事のやりがいであったりします。私は当社で働いてくれている従業員のみなさんが、将来、「朝日インテックで働いてよかった」と感じてもらえるようにすることが会社の使命だと思っています。

実際に大手企業から当社に出向してきた人の中には、「朝日インテックの方がいい」と言って転籍する人も少なくありませんでした。また、平成30（2018）年12月には瀬戸工場の敷地内に新社屋「グローバル本社・R&Dセンター」が竣工しました。この竣工式にかつて当社に勤めていた人々をお招きしたところ、非常に喜んでくれました。こんな時に少しは従業員の幸福を実現できているのかな、と感じています。

具体的な話をすれば、業績がよければ特別ボーナスも出しています。また、社員持株会も設立し、社員のうち希望者には当社の株を所有してもらっています。社員のみなさんの将来設計の一助となればという思いから、持株会にて当社株を購入する場合、購入金額の20％を会社が負担しています。これは他の上場企業よりも手厚い制度であると思います。

大手企業と違って、充実した福利厚生を行うことはできませんが、グローバル本社・R＆Dセンター内にカフェテリアスタイルの社員食堂やフィットネスジムを設置するなど、働きやすい環境づくりにも力を注いでいます。

また、誰もが生き生きと働くことができるように、人財教育の充実を図るとともに、全従業員に占める女性比率の向上や障がい者の活躍推進等、人財の多様性の推進にも取り組んでいます。平成30（2018）年7月に就労継続支援

（A型）の認定を受けた企業を完全子会社化し、障がいのある人の安定雇用を進めています。

これまで見てきたように、技術力は当社の武器であり、源泉であり、基盤となるものですが、「『業績の追求』こそわが社の魂であり企業の繁栄と個人の幸福を追求する」という社是にある通り、経営のこだわりの中で最も重要なのは、この「従業員の幸福の実現」であると私は考えています。

ともに朝日インテックを支えてくれた妻・隆子(左)。右が私

設立40周年記念式典を開催

平成28（2016）年3月25日、ナゴヤドームにおいて朝日インテックの設立40周年記念式典が開かれました。国内外の従業員とその家族など1100名を超える人々が参加、運動会やギネスへの挑戦などの催しを行いました。

その席上、私は「技術開発は日々進歩し、かつては諦めていたことができるようになった。これからはみなさんの努力によって、どんどん諦めていたことを実現していって欲しいと思う。その一方で、みなさんに忘れて欲しくないのは『伝統と進歩の両立』。これまで進歩をしてきたのは、みなさんの先輩方、そしてみなさん自身が一歩一歩努力をしてきたからだ。当社は他の企業が真似できない研究開発・一貫生産体制を構築してきた。みなさんにはこれを守って、決して諦めないという気持ちでしっかり発展させて欲しい」という意味のあいさつをしました。

40周年記念式典からさかのぼること7年前の平成21（２００９）年、私は長男・宮田昌彦に社長の座を譲り、会長になりました。経営の世襲には、社会からある程度の批判があることは十分にわかっていました。しかし、研究開発型モノづくり企業として、50年、１００年続く企業となるためには、私の創業の志をよく理解している者でなければ、経営を委ねられないと思ったのです。

もし、サラリーマン社長に経営を任せたら、短期投資家の圧力に負けて短期の利益を追求する企業に変わってしまうかもしれません。そうなったら「研究開発型企業」「技術者集団企業」という特長が失われてしまいます。品質を担保するという機能にも、影響がでるでしょう。

その結果、最もご迷惑をかけるのが、当社製品を使っていただいている取引先や医師の方々であり、その治療を受ける患者様や製品のユーザーであることは、言うまでもありません。「研究開発や品質保証が何よりも重要だ」というポリシーを持ち続けるために、私の考え方がよく理解できる二人の息子たちに経営を任せることにしたのです。

長男・宮田昌彦（現代表取締役社長）と次男・宮田憲次（現代表取締役副社長）は従業員と力を合わせて、朝日インテックを育ててくれました。経営と技術で私の思いを引き継いでくれた長男、生産や品質保証分野でも活躍している次男、そして彼らを支えてくれているすべての役員・従業員、関係会社、取引先、お客様、医師のみなさまに感謝をしています。そんな思いを新たにした40周年記念式典でした。

式典では国内外から従業員が集い、「折り紙を同時に作った最多人数」のギネス世界記録に挑戦し、達成した

生涯一 技術者として

私は平成28（２０１６）年からは、顧問（社内ではファウンダー《創業者》）という肩書きで、仕事をさせてもらっています。

企業経営に関しては、現社長をはじめとする新しい経営陣、それを支える従業員のおかげで、私が口を出す必要がなくなりました。そこで今は自分が大好きで、会社に最も貢献できる分野である研究開発の仕事に力を注いでいます。

一技術者として言えることとは、「難しい課題に挑戦しなければ技術の進展はない」ということ。一つの商品を作り、それが爆発的に売れたとしても、それはいつか売れなくなる。ヒット商品にあぐらをかいて何もしなければ、近いうちに市場から淘汰されてしまう。私たちは医療機器分野では常に後発組で、難しい課題に挑戦し続けてきたからこそ、今があるのだと思っています。

また、私は50年、そして100年続くモノづくり企業というのは、100年後も社会から必要とされる製品を、その時代に合わせて作り続けることができる企業だという信念を持って、開発を行ってきました。

こうした姿勢を、当社の将来を担う若い技術者にいかに伝えるかが課題とも言えます。当社の技術者は天才肌ではなく、朴訥《ぼくとつ》なタイプが多いと思います。地道に実験や調査を行って、そこで得た経験や知識を生かし、困難な課題を解決しようとするのが私のスタイルですが、それに当社の技術陣は似てきたと感じています。

私はファウンダーになってから、大半を研究開発のフロアで過ごしています。若い技術者が「新しい技術でこんなことができました」と報告しに来てくれた時は、私自身もワクワクします。長野聡君が「若い技術者の報告を聞く時のファウンダーの目は、輝きが違う」と言ってくれたことがありましたが、まさにその通りです。

また、毎月国内の研究開発拠点を回り、加えて年に数回は海外の生産拠点に出向き、生産の現場がどうなっているのか、研究開発の状況はどうかを見て回っています。こうした日々を通じて朝日インテックの技術に対するＤＮＡは、今のところ若い世代にも引き継がれていると感じています。この先、技術陣が二代、三代と変わっても、この姿勢は持ち続けて欲しい。そんな思いで毎日、研究開発の現場に足を運んでいます。

現在も、技術者として研究開発に力を注ぐ

あとがき

この度は、私の『世界が認めた魂の技術』を読んでいただき、ありがとうございました。あらためて、これまでの人生と会社の歩みについて振り返ってみると、そこには大きな分岐点があり、今ここに至っていると強く感じています。

それは、極細ワイヤーロープとの出逢いであり、シャープからの退社ということになります。40年前、私がもしシャープを辞めていなかったら、当然この朝日インテックという会社は存在しなかった訳で、私たちがこれまで産み出して来たいくつかの商品は、世の中に登場していたかどうか分かりません。さらに、そのことで現在の日本の医療界がどうなっていたかということも。

ただ、あの時、どの道を選んだとしても、私は技術者としてあり続けたはずで、そのスタンスは変わらなかったと思います。私が叔父の会社を独立した日から、「うちはこういう形で行こう、こういう会社を目指そう」という思いは私の中では変わっていないからです。小さな町工場であっても、自分たちは研究開発で行こう。身の丈以上の高額な試験機を導入してでも、あくまでその形で行くのだと、それは今までに何度も口にして来たことです。そこを外したら、私と仕事の将来というのは、全く別のものになるだろうという考えです。

新聞連載を終えた直後、世界は誰にも予測し得なかったコロナ禍という厳しい環境にさらされ、どのように終息できるのか予断を許しません。しかし、だからこそ、このような状況でも研究開発への投資を抑えてはいけないと考えます。短期的な業績を追うことで、中長期の技術基盤が損なわれて将来性が悪化し、経営基盤が不安定になる負のスパイラルに陥ってはいけないのです。現在の当社をあらしめている研究開発型企業のスタンスを守らなければなりません。

ここまで、自分一人の思いだけで辿り着けた訳では、もちろんありません。たくさんの幸運な出逢いに恵まれたからであることは十分に承知しています。なかでも、ワイヤーロープと私を結びつけ、ともに会社を育ててくれた妻・隆子。つねに私が「自分らしく」あり続けられたのは、良き理解者でもあった彼女の存在があったからこそと感謝しています。

最後になりましたが、この企画を提案し書籍として編集していただいた中部経済新聞社さんのご尽力にお礼申し上げます。ありがとうございました。

令和2（2020）年11月吉日

筆　者

＊本書は中部経済新聞に令和元年11月1日から同年12月27日まで四十七回にわたって連載された『マイウェイ』を改題し、新書化にあたり加筆修正しました。

宮田 尚彦（みやた なおひこ）

1961（昭和 36）年法政大学工学部卒業後、シャープ入社。67 年太陽鋼索入社。72 年朝日ミニロープ工業所設立。74 年法人化、代表取締役社長就任。76 年朝日ミニロープ販売（現朝日インテック）設立、代表取締役社長就任。2009 年代表取締役会長就任。16 年代表取締役会長退任後、顧問に就任し現在に至る。

中経マイウェイ新書　048

世界《せかい》が認《みと》めた魂《たましい》の技術《ぎじゅつ》

2021 年 1 月 15 日　初版第 1 刷発行

著者　宮田《みやた》 尚彦《なおひこ》

発行者　恒成 秀洋　発行所　中部経済新聞社

名古屋市中村区名駅4-4-10　〒450-8561
電話 052-561-5675（事業部）

印刷所　モリモト印刷株式会社　製本所　株式会社三森製本

ISBN978-4-88520-230-8